# Bauanleitungen für große Orgonstrahler

Ein experimentelles Arbeitsbuch für den Bau von verschiedenen großen Orgonstrahlern

DIY – do it yourself

von Amadé Maurice

Impressum:

Herstellung und Verlag: BoD - Books on Demand, Norderstedt

ISBN: 978-3-7412-4086-7
1. Auflage 2016

## VORWORT:

Liebe Leser, liebe Tüftler!
Amadé und Maurice sind zurück!
Nach dem Erfolg ihres ersten Buches, haben sie natürlich weiter getüftelt. Ihr Anliegen war, große Orgonstrahler zu bauen, die einerseits einfach zu handhaben und andererseits preiswert herzustellen sind.

Wieder einmal findet ihr die Lösung in diesem Buch. Ihre neu gebauten großen Orgonstrahler, die sie euch hier als Bauanleitung und auch im Einsatz anbieten, kosten nicht viel und können auch recht leicht gebaut werden. Das Ziel ist es auch hier, wie in ihrem ersten Buch, dass diese verschiedenen großen Orgonstrahler für den **PRIVATEN Eigenbedarf** nachgebaut werden dürfen.

Selbstverständlich liegen die Ideen und das Copyright bei Amadé Maurice.
Das Anfertigen für kommerzielle Zwecke ist untersagt und die Orgonstrahler bleiben in diesen Fällen auch wirkungslos (dazu später mehr). Sie möchten nicht, dass mit ihren Bauanleitungen und dem Nachbau Geld verdient wird, es ist als Hilfe für alle gedacht. Ihre beiden Frauen unterstützten sie auch hier kräftig mit Rat und Tat, die sie dann kreativ umsetzen konnten. Allen Helfern sei hiermit Dank ausgesprochen, vor allem aber der geistigen Welt und ihren Eingebungen in den Köpfen. Aber in erster Linie bedanken sie sich bei unser aller Schöpfer, GOTTVATER, für die Erlaubnis, dieses Buch zu schreiben und für seine Hilfe zu jeder Zeit!

Das Buch ist auch in zwei Teile aufgeteilt:

# TEIL 1 DES BUCHES:
## VORBEREITUNG UND BAU DER GROSSEN ORGONSTRAHLER

Es fing alles damit an, dass Maurice bei einer Haushaltsauflösung helfen durfte. Er war begeistert, was da alles entsorgt werden sollte.
Nun, er fragte, ob er einige dieser Teile haben dürfe.
Natürlich wurde das erlaubt. So kamen schon Dinge zusammen, die für die ersten beiden großen Orgonstrahler gebraucht wurden.

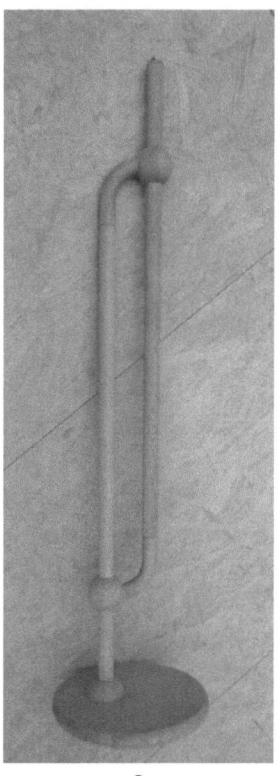

Das war eine Lampe (aus Holz). Maurice entfernte alle Kabel und alle Metallteile und dann sah das gute Stück so aus, wie auf dem vorherigen Bild. Das zweite Teil war ein Bambusrohr, wie ihr sie im Baumarkt kaufen könnt:

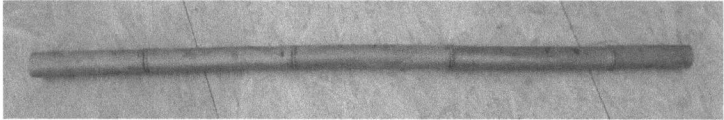

Wie man jetzt aus diesen beiden Dingen einen großen Orgonstrahler bauen kann, zeigen wir euch:

Amadé und Maurice beginnen mit dem Bambusstab: Zuerst einmal wurde er äußerlich gereinigt. Danach wurden mit viel Feinfühligkeit die Trennwände im Bambusrohr zertrennt. Diese Aufgabe ist etwas heikel. Am einfachsten macht ihr es mit einer Stange, die vorne so gefertigt ist, dass sie von vorne bis hinten durchkommt und die dünnen Wände durchdrückt. Einerseits braucht man Kraft, andererseits auch Feingefühl. Nachdem das erledigt ist, wird eine Seite des Bambusrohres mit einem Bergkristallstein verstopft. Ihr solltet darauf achten, dass ihr die engere Seite nehmt. Bambusrohre sind meistens so geformt, dass eine Seite eine breitere Öffnung hat. Doch zäumen wir das Pferd nicht von hinten auf: Sie brauchen ja eine passende Spitze für ihren zukünftigen Orgonstrahler: Auch hier hatten sie Glück! Wichtig ist es, das ihr euren Fokus auf das ausrichtet, was ihr möchtet. Wenn ihr also in einen Baumarkt oder einen Secondhand Laden hinein geht und euren Fokus so ausrichtet, dass ihr gezielt Dinge sehen möchtet, die ihr benötigt, so wird euch euer Unterbewusstsein dahingehend unterstützen. Das ist wie bei den Autonummernschildern: Wenn ihr bewusst auf eine bestimmte Zahl oder Zahlenkombination im Geiste denkt, werden euch diese Zahlen dann auch immer auffallen...

Gut, Maurice war bei seinem Kumpel im Secondhand Laden mal wieder am Stöbern, als er plötzlich etwas Passendes sah: Eine ältere Gardinenstange. Diese hatte vorne und hinten eine Spitze dran. Er fragte ihn, was er dafür haben wollte und erklärte ihm auch, für was er es brauchen würde. Er grinste und schenkte es ihm und meinte nur: „Fröhliches Tüfteln!" Maurice bedankte sich freudig und zuhause wurde die Stange gleich auseinander genommen.

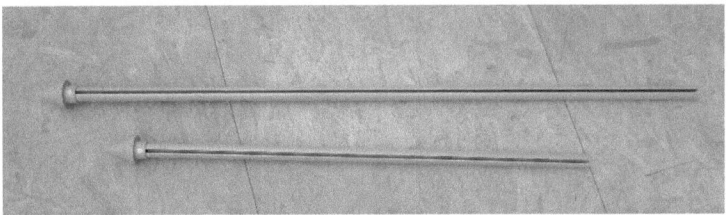

Wie ihr seht, ließ sie sich teilen und beide Spitzen konnten aufgeschraubt werden.

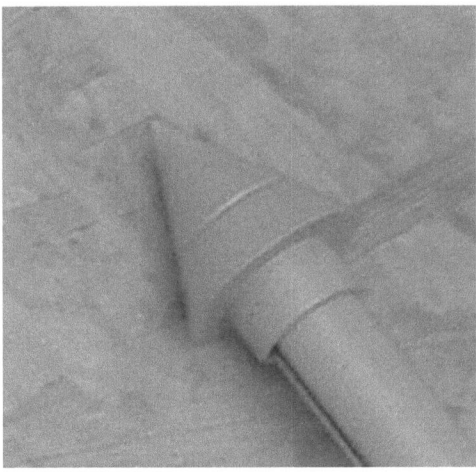

Maurice probierte eine der beiden Spitzen bei der Bambusstange aus und siehe da: Mit etwas Kraftanstrengung

passte sie genau hinein. Man muss dabei aber aufpassen, dass man den Bambus nicht beschädigt.
Das sieht dann so aus:

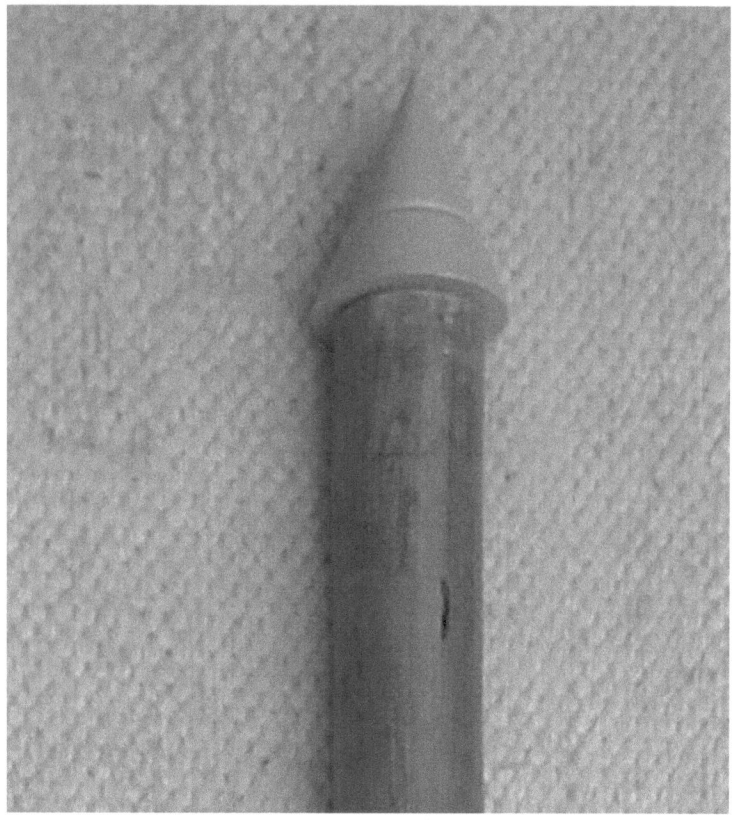

Jetzt kommt der aufwendige Teil dran: Die Bambusstange wird gefüllt. Und zwar mit folgenden Zutaten:

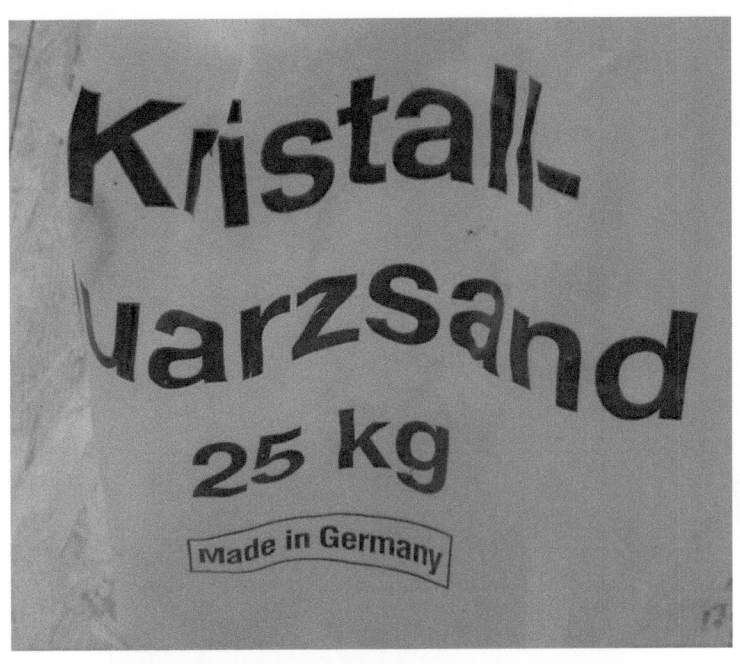

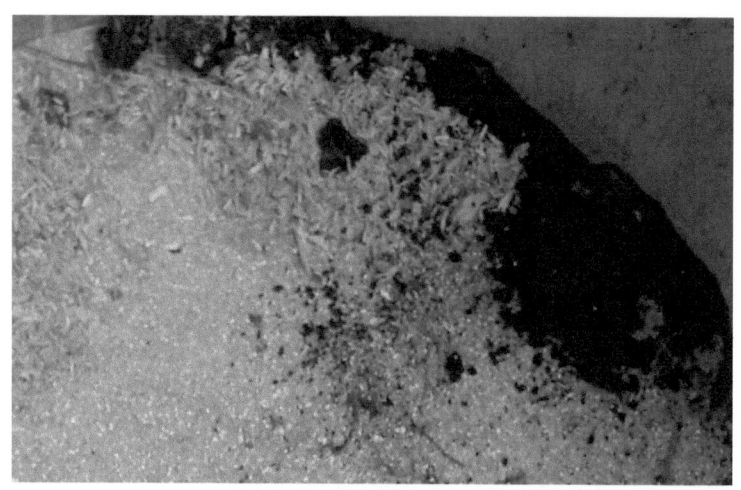

Kristall Quarzsand, reines Katzenstreu (Zeolith), ganz feiner Quarzsand, Ruß, der vom Kaminkehrer kommt, ideal aus dem eigenen Kamin, wenn man einen Holz und Kohleofen hat, Sägespäne und Hafnermörtel.

Das ist reines, biologisches Bentonit als Katzenklump.

Das ist Seramis, Tonkügelchen. Ton ist ganz wichtig für die Orgonstrahler! Sie brauchen Erdung, Verbindung zu allen Kräften aus der Erde, um dann auch eine feste Verwurzelung zu haben und dann eine Verbindung mit dem Himmel zu bekommen.
Die Einzelheiten erklären sie euch jetzt genau:

Ihr braucht gutes Zeolith und Bentonit. Die beiden haben lange gesucht und sind dann fündig geworden. In einem großen Supermarkt, der auch verschiedene Bio- Katzenstreus hatte, haben sie reines Bentonit und Zeolith recht günstig kaufen können. Bentonit wird als reiner Katzenklump verkauft und Zeolith als Katzenstreu. Es muss aber draufstehen!!!
Das nächste, was sie brauchten, war Kristall-Quarzsand: Es sind quasi gemahlene Quarzsteine. Sie haben ausgetestet und festgestellt, dass man beide Sorten benötigt: den ganz feinen Quarzsand und den gröberen Quarzsand (siehe Fotos.)
Dann benötigen sie Hafnermörtel. Das ist das Pulver, das man braucht, um Öfen zu mauern. Die Schwingung dieses Pulvers ist sehr, sehr hoch und es ist ganz fein. Ihr bekommt es im Baumarkt oder Bauhandel. Weiter benötigt ihr Sägespäne. Entweder ihr sägt selber euer Brennholz, dann habt ihr ja Sägespäne, oder fragt einmal herum, wer in eurer Nachbarschaft oder so Sägespäne hat. Dann fehlt noch der Ruß. Maurice hat eigenen Ruß, da der Kaminkehrer 3x im Jahr kommt und sie es nicht wegwerfen. Der Ruß ist ein Verbindungsstück zwischen Himmel und Erde und hat ganz viele Energien in sich gebunden. Als letztes braucht ihr noch Bergkristalle in verschiedener Größe. Der große Stein ist zum Verschließen des hinteren Endes gedacht und die kleinen, geschliffenen werden zusammen mit den eben aufgezählten Materialien in das Bambusrohr eingefüllt. Auf dem nächsten Bild seht ihr die Bergkristalle, die sie benutzt haben.

Es wird alles der Reihe nach eingefüllt und wenn es voll ist, kommt noch der Bergkristall als Schluss so hin, dass es zu ist. (Siehe nächstes Bild)
Wenn es nicht gut passt, sollte es mit Heißkleber dicht gemacht werden.
Man kann aber auch flüssiges Kerzenwachs nehmen. Aber nur dann, wenn der zukünftige, große Orgonstrahler nur dort benutzt wird, wo er so steht, dass er nicht nass und nicht zu warm wird, damit der Kerzenwachs nicht schmilzt.

So sieht er dann fertig aus. (Siehe Foto nächste Seite)

Aber er ist natürlich noch nicht fertig, denn das Wichtigste kommt noch: Das Energetisieren über das innige Gebet mit unser aller Schöpfer, den wir liebevoll GOTTVATER, oder VATER nennen:
„**GOTTVATER, geliebter Schöpfer, ich bitte Dich hiermit, diesem Strahler zu erlauben, Gutes zu tun und Mensch, Tier und Natur zu helfen, unter der Berücksichtigung des freien Willens, solange Du es erlaubst. Amen! Denn JESUS CHRISTUS IST SIEGER! JESUS CHRISTUS IST SIEGER! JESUS CHRISTUS IST DER SIEGER! Amen!**"

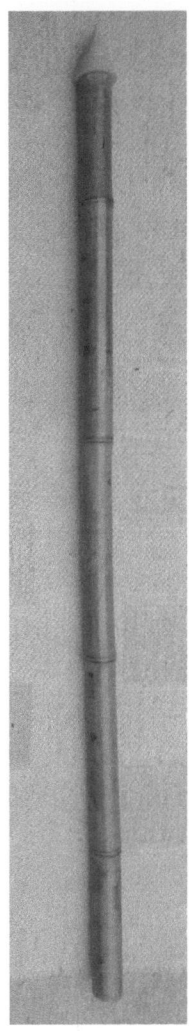

Der nächste große Orgonstrahler, den sie dann gebaut haben war der, den sie aus der Lampe bauten, den ihr vorhin schon als Foto gesehen hattet:

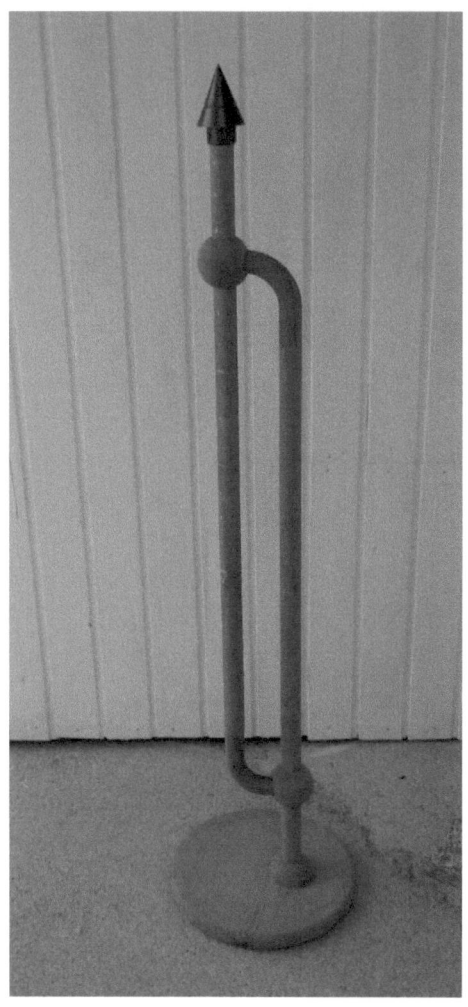

Das Bild zeigt, wie der fertige große Orgonstrahler aussieht. Da sie noch sehr wenig Platz bei diesem Strahler haben, um Quarzsand einzufüllen, mussten sie hier improvisieren.

Die Spitze passte genau, dass war ihr großes Glück! Sie baten GOTTVATER dann, dass sie seine Schwingung auch so in das Holz geben dürfen und bekamen ein JA! In ihrem Inneren.

Sie schrieben dann die Abkürzung „JCidS", „JESUS CHRISTUS IST DER SIEGER" oben und unten auf den Strahler und unten drunter schrieben sie: „JESUS CHRISTUS IST SIEGER"
**Geliebter GOTTVATER, wir bitten Dich, dass dieser Orgonstrahler zum Heil und Segen für Mensch, Tier und Natur arbeitet und nur Gutes tun kann, was Du erlaubst, geliebter VATER! Dein Wille geschieht jetzt! Amen!"**
Dazu malten sie noch die Hagal Rune auf, für die Verbindung von Himmel und der Erde.

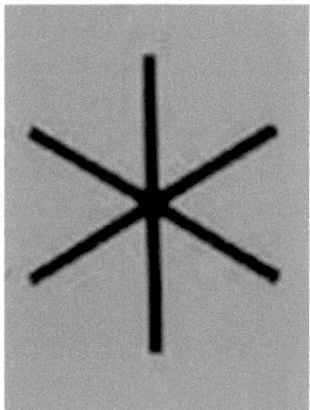

Dieses Symbol ist sehr kraftvoll und frei von irgendwelchen Gruppierungen. Danach haben sie das Gebet, welches sie unter den Strahler gemalt haben, laut gesprochen und dann war der große Orgonstrahler einsatzbereit!

Der dritte große Orgonstrahler im Selbstbausatz:

Was haben sie dafür genommen?
Nun, ein Weihnachtsbaumständer aus Kunststoff, welcher günstig im 1 Euro Laden stand . Dazu braucht ihr ein Kunststoffrohr (aus dem Baumarkt oder wenn ihr so etwas noch zuhause rumstehen habt). Dazu einen neuen Kunststofftrichter, den man für Benzin nimmt. Er sollte absolut unbenutzt sein. Ihr könnt aber auch einen anderen Trichter nehmen.
Was braucht ihr zum Füllen?
Nun, zuerst wieder den bekannten Mix aus Kristall-Quarzsand, gröberen Quarzsand, Bentonit Katzenklump, Zeolith Katzenstreu, Hafnermörtel, Keramikkügelchen, Sägespäne, Ruß und Bergkristalle, wobei einer schlank und spitz sein sollte, damit er als Spitze benutzt werden kann.

Jetzt kommen ein paar Bilder, die zeigen, wie es gebaut wird.

links: Ruß

rechts: Sägespäne

Hier seht ihr den fertigen großen Orgonstrahler mit Bergkristallspitze und dem Schriftzug: „JESUS CHRISTUS IST SIEGER" Folgendes Gebet sprachen sie dann:
**„Geliebter GOTTVATER, wir bitten Dich, dass dieser Orgonstrahler zum Heil und Segen für Mensch, Tier und Natur arbeitet und nur Gutes tun kann, was Du erlaubst, geliebter VATER! Dein Wille geschieht jetzt! Amen!"**

Wenn ihr jetzt denkt: Oh, wunderbar, da hab ich drei Möglichkeiten, um einen für **PRIVATE ZWECKE – NICHT KOMMERZIEL**L nachzubauen...
Klar, ist möglich, aber es kommen noch einige Strahler!

Ja, ihr richtig gehört!!!

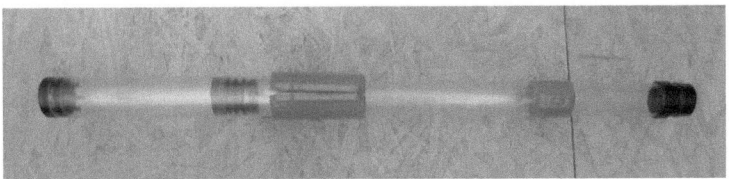

Hier seht ihr eine alte Wasserpistole in der Draufsicht.

Die beiden haben dann das gute Stück zerlegt, so dass nur die beiden Rohre und die Stöpsel noch da bleiben.
Die Idee stammte von Maurice und Amadé war sofort einverstanden!

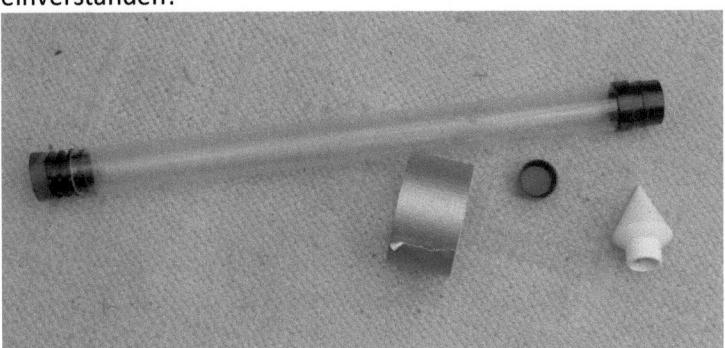

Sie haben dann den längeren Teil genommen. An der rechten Seite war das Rohr offen und links geschlossen. Sie hatten noch eine weitere Gardinenstangenspitze besorgt (auch geschenkt bekommen. Die kosten aber nicht die Welt, wenn man die einzeln kauft.)

Dazu haben sie einen Stöpsel besorgt, der genau in das Loch passt und Panzerklebeband, um alles hinterher zu fixieren.

Der Stöpsel kam auf die Unterseite der Spitze und dann wurde es mit Panzerband umwickelt (So ne Rolle kostet nur 2-3 Euro).

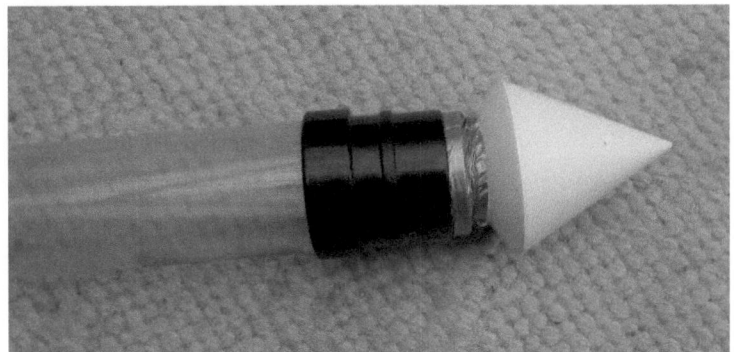

Sie haben es einmal für euch probeweise zusammengesteckt, wie es hinterher aussieht.
Dann wird es wieder geöffnet und alles, was sie vorher auch schon hineingegeben hatten, kommt wieder hinein.
Also: Kristall – Quarzsand, grober Quarzsand, Hafnermörtel, Ruß, Sägespäne, Bentonit, Zeolith, Bergkristalle.
Das sieht dann so aus:

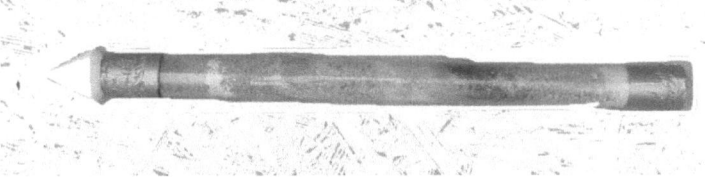

Um es noch einmal zu fixieren, wurde es vorne und hinten noch mit Panzerband umwickelt. Jetzt kommt aber wieder das Wichtigste: Das Gebet!

**„Geliebter GOTTVATER, wir bitten Dich, dass dieser Orgonstrahler zum Heil und Segen für Mensch, Tier und Natur arbeitet und nur Gutes tun kann, was Du erlaubst, geliebter VATER! Dein Wille geschieht jetzt! Amen!"**

„JCidS" „JESUS CHRISTUS IST SIEGER" wurde wieder auf den Strahler geschrieben. Er powert auch ohne Ende!

Der nächste Orgonstrahler wurde aus dem zweiten Teil der Wasserpistole gebaut.
Es verläuft genauso wie eben, nur die Spitze wurde anders gefertigt:

Vom unbenutzten Benzintrichter war der flexible Schlauch vorne übrig und dieser passte auch recht gut. Fixiert wurde es wieder mit Panzerband und vorne musste wieder ein Bergkristall mit Spitze eingesetzt werden.

„JESUS CHRISTUS IST SIEGER" in Form von der Abkürzung „JCidS" wurde wieder auf ihn geschrieben und danach kam das innige Gebet zum Einsatz:

„Geliebter GOTTVATER, wir bitten Dich, dass dieser Orgonstrahler zum Heil und Segen für Mensch, Tier und Natur arbeitet und nur Gutes tun kann, was Du erlaubst, geliebter VATER! Dein Wille geschieht jetzt! Amen!"

Schon ist ein weiterer großer Orgonstrahler fertig!

Jetzt kommt die Idee, die Maurice hatte und von Amadé begeistert unterstützt wurde:
Ihr wisst alle, wie eine Solarlampe aussieht. Maurice´s Frau wollte eine große Solarlampe (60 cm groß) haben und Maurice kaufte sie ihr.

Als er zuhause war und das gute Stück etwas auseinander nahm (das ist ein altes Hobby von ihm, zu schauen, wie etwas funktioniert) hatte er plötzlich die Eingebung:

Warum nicht das Praktische mit dem Nützlichen verbinden...

Gesagt, getan! Also wurde das Alu Rohr mit den bekannten Zutaten gefüllt (inklusive Bergkristallen) und auch das bekannte Segensgebet gesprochen und auch „JCidS" draufgeschrieben. Nun lädt sich die Solarlampe tagsüber auf, leuchtet abends und den ganzen Tag über verbreitet sie positive Energien über diesen Orgonstrahler...

Schaut euch einmal die beiden Fotos an...

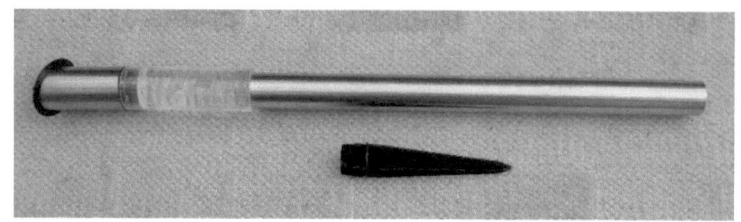

Viel Freude beim Nachbauen für nichtkommerzielle, private Zwecke!

Nein, die beiden Tüftler sind noch nicht am Ende...
Hier kommt wieder ein großer Orgonstrahler, der richtig groß und heftig wird...

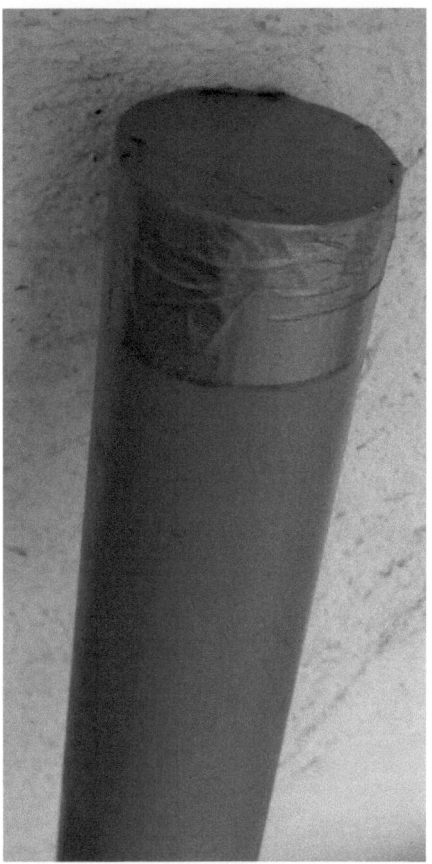

Hier seht ihr die untere Seite, die sie zugeklebt hatten, da es mangels Deckel für dieses übrige graue Kunststoffrohr es irgendwie dicht kriegen wollten. Dicke Pappe und Panzerband reichten, um es gescheit zuzumachen...
Danach wird das Innenleben wieder so gefüllt, wie ihr es ja schon kennt. Die Spitze war jetzt interessant: In Maurice´s

Scheune lag noch ein alter Holzpfosten. Er sägte die Spitze ab, denn sie passte in das Rohr als Spitze hinein.

Hier seht ihr die abgeschnittene Spitze neben einem normalen, kompletten Holzstab.
Das abgeschnittene Stück Holz passt genau in das gefüllte Rohr hinein. Danach kommen noch das wichtige Gebet und das „JCidS" und schon ist der große Orgonstrahler einsatzbereit!

Sie haben dann noch intuitiv das Hagal Zeichen mit drauf gemalt, da dieser große Orgonstrahler auch noch mit dazu genutzt wird, den Himmel zu reinigen...

Ihr seht, mit dem richtigen GOTTVERTRAUEN, zwei geschickten Händen und dem Willen, etwas Gutes zu tun, könnt ihr diese Bauanleitungen nutzen, um PRIVAT zu helfen...

Jetzt kommt ein etwas anderer Orgonstrahler an die Reihe:

Er ist komplett mit Essig gefüllt und wird dann mit dem Gebet aufgeladen, gesegnet und versiegelt.

Zuerst einmal ist es egal, welchen Essig ihr kauft. Es reicht auch, den günstigsten aus dem Discounter zu nehmen. Die beiden haben hier ein Wein- und Weinbrannt-Essig genommen. Dann solltet ihr den Strichcode immer durchstreichen (sie bitten auch immer um den Segen für alles, was sie gekauft/geschenkt bekommen haben und streichen überall den Strichcode durch und schreiben „JCiS" (JESUS CHRISTUS ist Sieger) auch mit drauf (siehe Foto).

Dann hat Maurice im 1 Euro Laden eine interessante Flasche gekauft. Sie ist für Essig oder Öl wohl erstellt worden.

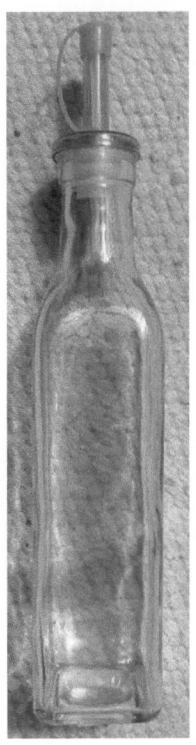

Seht ihr, wie sie aussieht? Nicht vergessen, erst den Strichcode entstören, bevor ihr ihn unterhalb der Flasche entfernt. Dann füllen sie den gesegneten Essig hinein.

So sieht es aus, wenn der Essig in der Flasche ist. Jetzt habt ihr einen Orgonstrahler der besonderen Art. Wofür ist dieser besondere Orgonstrahler jetzt zu benutzen? Nun, ihr habt vielleicht schon gemerkt, dass der Himmel (besonders in Deutschland) ganz schon zugemüllt wird. Einige nennen es Chemtrails, andere Geoengineering. Es werden Chemikalien ausgeprüht, die nicht gut für Mensch, Tier und Natur sind. Es gibt ja keinen Zufall, also musste Maurice bei YouTube durch „Zufall" ein Video sehen, wie ein Mensch mit Essig diese Streifen am Himmel aufgelöst hat. Sie probierten es aus und kippten aus der Flasche den Essig so pur auf die Straße. Sie warteten einige Minuten und der Himmel begann sich zu klären und dann schaute sich Maurice die Aura des Essigs an. Man konnte den feinstofflichen Strahl des Essigs sehen, wie er Richtung Himmel aufstieg.

Diese Flasche (links), welche mit gesegnetem Essig gefüllt ist, muss man nicht unbedingt ins Freie Stellen. Sie haben festgestellt, dass es reicht, wenn es so steht, dass die Schwingung des Essigs nach draußen geht. Entweder durchs Fenster oder unter einer Überdachung stehend.

Dann kam die Weiterentwicklung, um diese Essigenergie zu verstärken und einen großen Orgonstrahler zu bauen.

Sie haben es so gemacht:

Es wurde im Ein Euro Laden dieser runde Kübel gekauft. Er wurde gefüllt mit den schon bekannten Zutaten:

Quarzsand, Bentonit, Zeolith, Bergkristall, Hafnermörtel, Schungit (der Heilstein aus Karelien), verschiedene Mineralien als Deko drum herum und innen drin ein Röhrchen aus Hartplastik. Sie haben erst etwas suchen müssen, doch dann sahen sie es in einem Laden: Eine Halterung für Zahnbürsten! Den Ring mit dem Gummipfropfen für die Befestigung an der Wand haben sie entfernt und so hatten sie das ideale Gefäß, in das der Essig gefüllt werden konnte.

(Siehe voriges Bild).

Der Wertstoffhof ist bei ihnen eine feste Institution. Freitags und samstags kann man dort Zeitungen, Kartonagen, Plastik- und Dosenverpackungen in gelben Säcken abgeben und auch Elektroschrott. Maurice war eines Tages wieder einmal dort, um seinen gelben Sack abzugeben, als sein Blick auf die Ecke fiel, in der Dinge stehen, die andere verschenken, welche noch gut sind und die man kostenlos mitnehmen kann. Dort stehen Bücher, Spiele, aber auch schon mal andere nützliche Dinge. An diesem Tag bekam er die roten Rohre geschenkt, die dort waren. Sie waren ideal für die Orgonstrahler!

Zuhause wurden sie getestet und für absolut nützlich empfunden. Das rote Kunststoffrohr passte auch gut über das „Zahnbürstenröhrchen" und so konnte ihr erster „Essig-Orgonstrahler" seinen Dienst verrichten. Da Essig verdunstet, muss das Röhrchen halt nach gewisser Zeit nachgefüllt werden. Sie haben den ersten Prototyp unter eine Überdachung gestellt, damit er nicht nass wird und er arbeitet einwandfrei!

Dann wagten sie sich an eine Steigerung heran und nahmen ein Glas als Behältnis, um drei Kunststoffrohre hineinzugeben, um in drei Richtungen die positiven Energien senden zu können.

Mit vier wäre es auch möglich, aber dafür brauchen sie ein Gefäß mit einem größeren Durchmesser...

Als nächstes wollten sie das Problem lösen, wo denn ihre, bisher gebauten großen Orgonstrahler, die keine Halterung haben, hineingesteckt werden konnten.

Nach einiger Überlegung fanden sie in einem „Billig Baumarkt" diesen quadratischen Kübel aus Hartplastik. Sie überlegten, wie er zu füllen sei und entschieden sich dann für die Sägespäne, da sie davon gerade genügend hatten und er dadurch auch geerdet war. Sie füllten ihn damit und baten dann im Gebet um den Segen dafür.

Um euch zu zeigen, wie sie es jetzt handhaben, wurde ihr oft benutzter Orgonstab, den ihr ja schon kennt, benutzt.

Man kann ihn in alle Himmelsrichtungen drehen und da die Sägespäne so schön leicht sind, ist der Strahler auch gut zu fixieren.

Maurice dachte eines Tages: Irgendetwas fehlt noch: Der letzte Kick sozusagen! Also kamen beim nächsten großen Orgonstrahler noch weitere Hilfsmittel mit hinein:

Das ist ein dunkler Ton als Granulat, welche die Erdung noch einmal erhöht und dazu Schungitsteine aus Karelien (das gehört zu Russland.) Es reicht hier aber der einfache Schungit und nicht der Edelschungit, der recht teuer ist.

Dazu kam dann noch der Amethyst, welche die geistige Kraft verstärkt.

Mit den neuen Hilfsmitteln an Bord wurde dann dieser große Orgonstrahler gebaut:

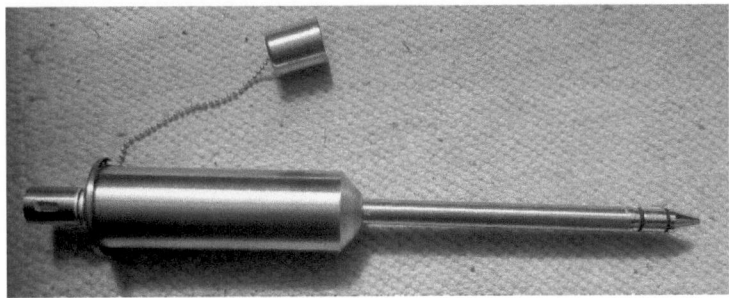

Maurice war im Billigladen unterwegs (da er wieder etwas zum Basteln suchte) und dieser hat immer so Kisten, in denen die nochmals reduzierten Dinge liegen. Ab 10 Cent bis 1 Euro!

Dort lag diese Öllampe drin, die sehr günstig war und dazu gab es noch eine Rohr-Verlängerung.

Schaut sie euch an, Vorne ist schon eine wundervolle Spitze, die normalerweise in die Erde gesteckt wird, hier bei uns aber zweckentfremdet wird.

Die beiden schraubten sie auf und es sah dann so aus:

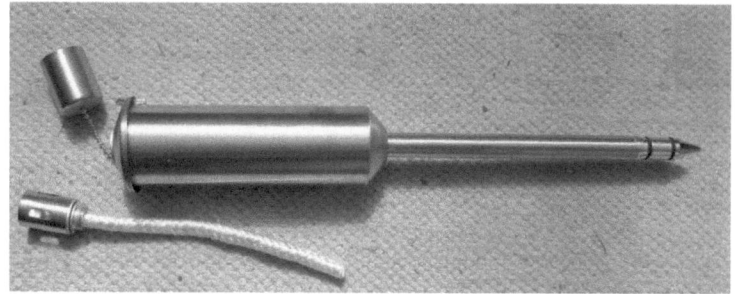

Den Docht machten sie ab und füllten das Gefäß, in das normalerweise das Öl gefüllt wird, mit ihren, schon bekannten Zutaten: Schungit, Amethyst und das neue Granulat kamen auch mit hinein.

Hinterher wurde es geschlossen und zugeklebt.

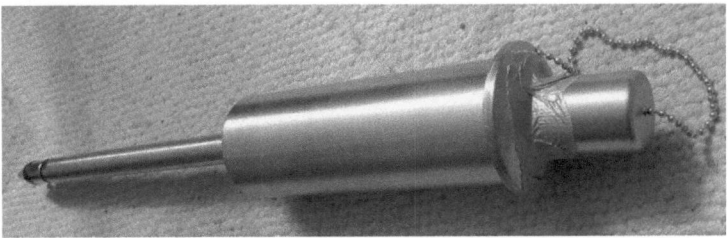

Ein wundervoller Orgonstrahler!

Natürlich wurde auch er, genau wie alle anderen, mit dem Segen von GOTTVATER bestückt und über das innige Gebet (siehe weiter oben) aufgeladen und auch mit „JCiS" beschrieben.

Sie hatten euch ja gesagt, dass noch eine Rohrverlängerung dabei war.

Diese hatte auch eine Spitze! Begeisterung pur!!!

Doch wo sollten sie sie hineinstecken? Wieder kam ihnen eine Eingebung zu Hilfe!

Maurice fand beim Aufräumen eine leere Gaskartusche von seinem Campingkocher. Solche Kartuschen kennt ihr bestimmt, wenn ihr selber einen Gaskocher fürs Camping habt oder so etwas einmal in der Campingabteilung des Baumarktes gesehen habt.

Also wurde das Loch größer gebohrt. Das geschah vorsichtig, damit die Rohrverlängerung dort hineinpasste.

Jetzt füllten sie sowohl das Rohr von innen, als auch die Kartusche mit den bereits bekannten Dingen.

Das sieht dann so aus:

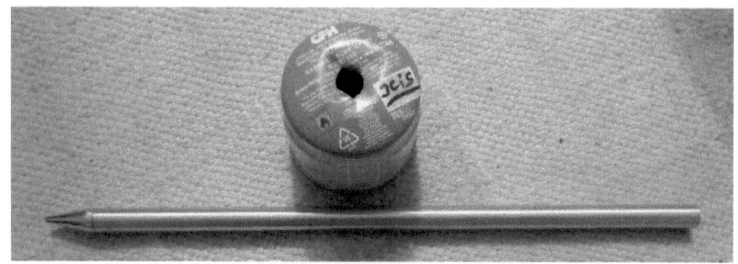

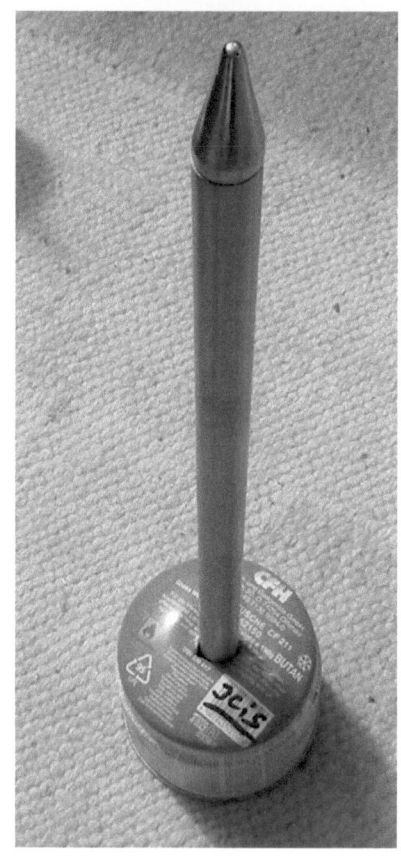

Der Strichcode auf der Kartusche wurde gestrichen, entstört und alles mit GOTTVATERS Segen und Gebet aufgeladen!

Die nächste Variante eines großen Orgonstrahlers ist wieder ganz anders und kam auch wieder „zufällig" zustande. Aber wir wissen ja, dass es keinen Zufall gibt, denn Zufall bedeutet, es fällt auf jemanden zu, ist also beabsichtigt.

Doch wie kamen sie zu diesem ungewöhnlichen Teil?

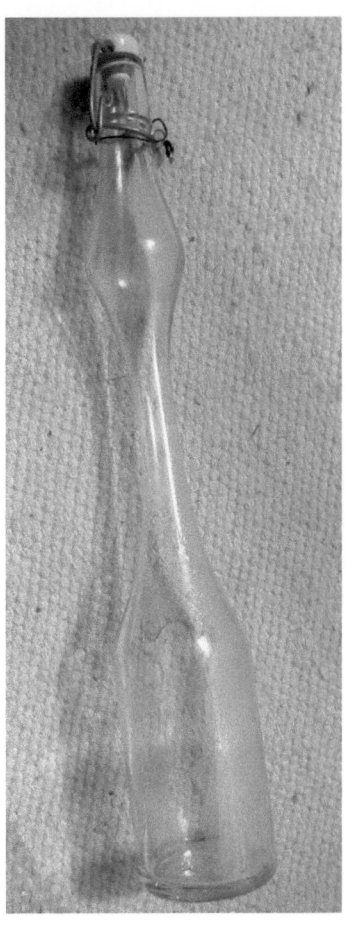

Es ist eine Flasche mit verschließbarem Deckel. Die Form ist schon ungewöhnlich genug...

Maurice war wieder einmal im Secondhand Laden von seinem Kumpel und der fragte ihn, was er denn suchen würde.

Maurice meinte nur: „Etwas zum Basteln und wenn möglich günstig..." Er brachte ihm dann diese Flasche und meinte, er schenke sie ihm. Maurice war begeistert und bedankte sich herzlich dafür!

Nun, gefüllt wurde sie jetzt genauso, wie die ehemalige Öllampe von eben und die beiden achten dabei speziell darauf, dass es auch optisch ansprechend ist, da man ja alles sieht, was enthalten ist.

Wenn ihr jetzt denkt, wo ist denn die Spitze, so ist hier anzumerken, dass ein großer Orgonstrahler nicht unbedingt eine Spitze haben muss.

Er strahlt in diesem Fall komplett die Energie aus.

Das bedeutet, es ist ideal, diesen Orgonstrahler in die Hände zu nehmen und die positiven Energien wirken zu lassen oder ihn unter das Kopfkissen zu legen, ins Körbchen des Hundes, der Katze, ins Gemüsebeet mit hineinstellen oder ins Gewächshaus etc.

Da könnt ihr für euch rumexperimentieren...

Allein schon die optische Form ist ein „Leckerbissen" von der Betrachtung her.

Skeptischen Menschen (falls ihr es für euch zum privaten Gebrauch nachbaut,) kann man sagen, dass es moderne Kunst ist... (Zwinker, zwinker...)

Nein, die beiden sind noch nicht am Ende mit ihren Tüfteleien für dieses Buch...

Jetzt kommt wieder so ein Geschenk vom Wertstoffhof...

Es ist sehr groß (ca. 1 Meter) und war mit Plastikfischen bestückt. Sie entfernten alles und dann sieht es so aus...

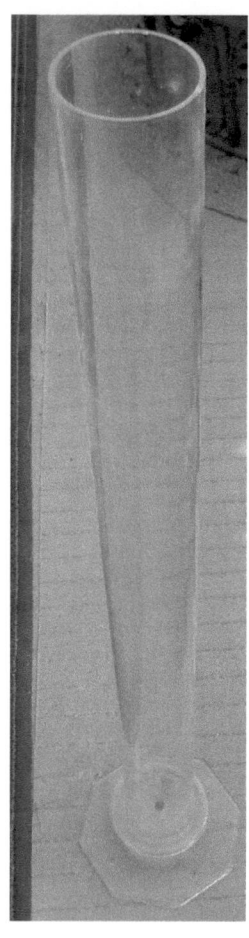

Jetzt wurde alles wieder so gefüllt und um den Segen gebeten, wie ihr es ja schon kennt...

Nur gab es jetzt zwei weitere Neuerungen:

Maurice fand in seiner Bastel-Werkstatt noch ein gleichschenkeliges Kreuz, welches gegossen wurde, um Chemtrails aufzulösen. Der Experimentierdrang war wieder geweckt. Sollte sich die Energie erhöhen, wenn dieses gleichschenkelige Kreuz obenauf liegt?

Sie probierten es aus!

In der Tat, wurde die Energie weicher und leichter spürbar!

Einen Deckel hatten sie nicht. Also improvisierten sie mit einer kleinen Pyramide als Deckel, wie sie dachten. Die Energie verstärkte sich weiterhin und so wurde die Pyramide weiterhin oben drauf gelassen (siehe vorheriges Bild) und so haben sie einen sehr starken Orgonstrahler, der das ganze Haus durchputzt...

Was ihr jetzt seht, ist die Vorgeschichte zum nächsten großen Orgonstrahler...

Maurice hatte auf seinem Schrank (war ein Geschenk, da er 50er und 60er Jahre Möbel liebt), dieses folgende Teil stehen.

Es sieht ja nun wirklich wie ein schon gebauter Orgonstrahler aus.

In Wirklichkeit ist es aber auch ein Solarstrahler.

Schaut einmal:

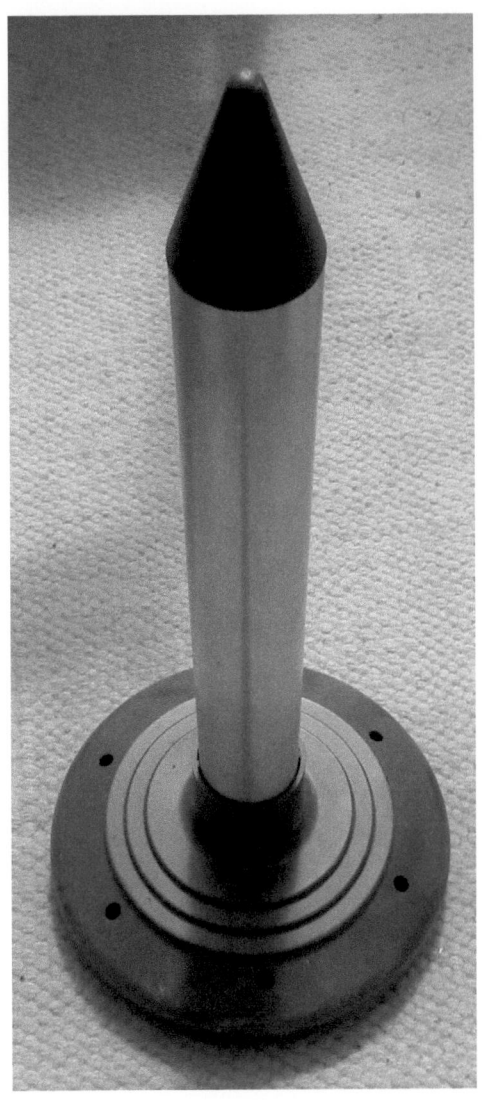

Maurice fiel es plötzlich beim Recherchieren wieder ein und er holte ihn hervor:

Er zerlegte ihn dann und folgendes kam zum Vorschein:

Interessant, gell?

Also wurde auch hier alles wieder so gefüllt, wie ihr es ja schon von den Jungs gewohnt seid und zum Schluss auch wieder um den Segen für den Orgonstrahler gebetet.

Zusammengebaut sieht es dann wieder so aus:

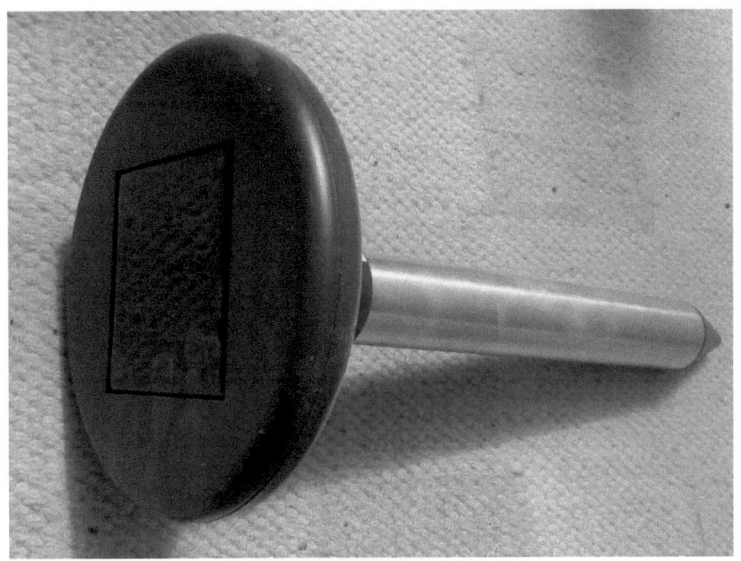

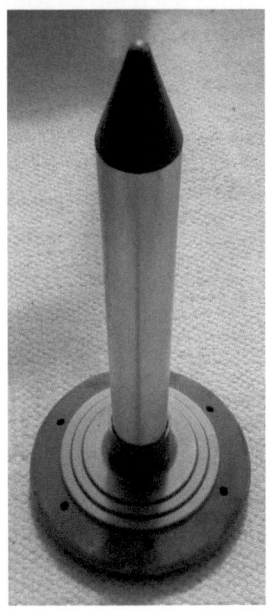

Wenn man also seine Augen offen hält, findet man immer wieder Dinge, die man gebrauchen kann...

Dieser große Orgonstrahler ist so zu benutzen, wie auf dem letzten Bild (also quasi als Orgonstrahler, der so hingestellt werden kann) oder andersherum als Solarleuchte, die gleichzeitig Orgonenergie versendet. Praktisch, gell?

Maurice´s Frau war in einem Laden (ohne Werbung zu machen), der alles Mögliche verkaufte.

Dort kaufte sie diese interessante Flasche für etwas über 1 Euro, also sehr günstig. Sie sagte dann zu Maurice, dass sie ihr gefallen hatte und er ja gerne mit Spiralen arbeite!

Er war begeistert davon und bei der neuesten „Orgonstrahler Bausession" wurde daraus auch ein Orgonstrahler gebaut...

Sie mussten sich noch im Klaren darüber sein, was und wie es gefüllt werden sollte.

Also wurde der Deckel vorsichtig geöffnet (und vorher noch der Strichcode unterhalb der Flasche zuerst entstört und dann entfernt) und sie schauten, was und wie es zu füllen war.

Da es durchsichtig ist, sollte es auch wieder fürs Auge ansprechend sein.

Also füllten sie es wieder so, wie vorher bei der großen 1 Meter Säule...

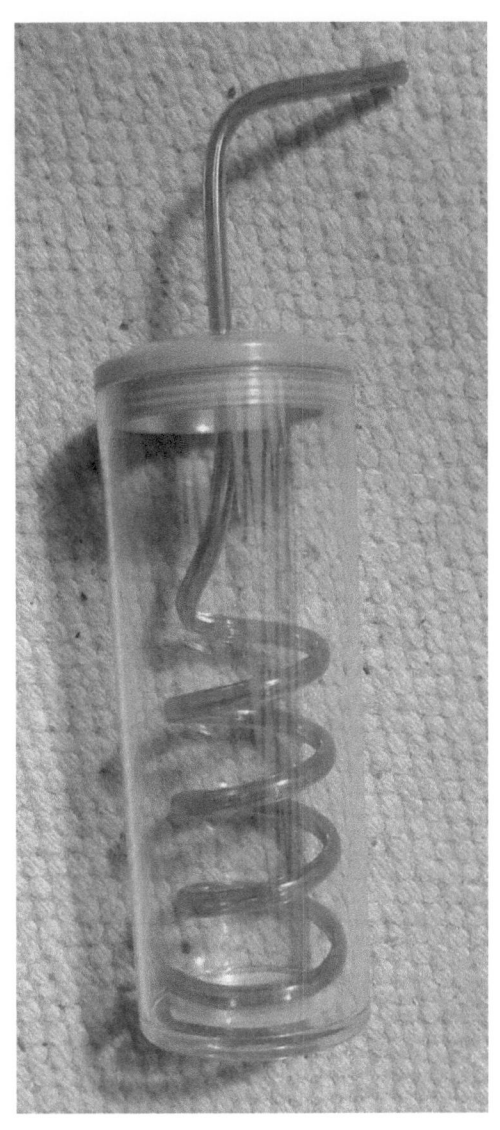

So sah das gute Stück vorher aus...

Und so, als es fertig war... Ein Hingucker (kann auch als „Kunstobjekt" durchgehen) (Schmunzel...)

Bei einer Haushaltsauflösung im Freundeskreis, bei dem alle helfen durften, fand Maurice dieses wunderschöne Teil:

Maurice gefiel diese Form des Glases sehr und er stellte es erstmal in seinen „Bastel-Schrank". Jetzt, wo an diesem Buch gearbeitet wird, fiel es ihm wieder ein, dass da doch noch etwas war...

Er baute es auseinander und dann sah es so aus...

Der große Glaskegel ist sehr schön und die Plastikblumen sind in einem flexiblen Kunststoffdeckel gesteckt. Diese wurden entfernt (und schenkten sie einer 86 jährigen Frau, die Plastikblumen sammelt und liebt).

Jetzt wird der Glascontainer auf den Kopf gestellt und zuerst mit geschliffenen Bergkristallen gefüllt und danach kommen unsere bekannten Zutaten, inklusive Schungit, großem Bergkristall und Amethyststücken.

So sieht es hinterher aus, wenn es fertig ist. Es wurde natürlich darauf geachtet, dass es optisch auch ein Hingucker ist. Zum Schluss baten sie um den Segen von GOTTVATER und energetisierten es über das Gebet, wie bei den anderen großen Orgonstrahlern auch...

Großer Orgonstrahler bauen aus „zufälligen" Resten...

Ja, den nächsten großen Orgonstrahler konnten sie nur bauen, weil sie ihren „Suchfokus" so eingestellt hatten, dass ihnen sofort passende Dinge, die sie gebrauchen können, auffallen und sie gleich so wieder bauen können...

Also: Maurice war bei seinem Kumpel, der einen Secondhand Laden betreibt, wieder einmal turnusmäßig zu Besuch. Sie unterhielten sich über Ersatzteile für Orgonstrahler. Sein Kumpel grinste dabei immer breit, denn Maurice hatte mit so einem Orgonstrahler, wie er in ihrem ersten Buch gebaut wurde, die Wohnung des Kumpels von Wasseradern und Erdstrahlen entstört. Plötzlich fiel Maurice etwas Ungewöhnliches auf: Dort standen mehrere alte Metallkessel mit Einsätzen rum. Er fragte, ob er einen bekommen könne und sein Kumpel fragte berechtigterweise, warum er nicht den ganzen Topf möchte. Maurice meinte dann nur, er brauche das gute Stück als Ständer bzw. Halterung für einen großen Orgonstrahler. Grinsend bekam er ihn geschenkt. Auf der nächsten Seite könnt ihr diesen Einsatz sehen. Zusammen mit Amadé machte er sich dann daran, einen passenden Körper für den Einsatz zu bekommen. Auch dieses klappte nach langer Suche und ein passender Bambusstab wurde gefunden. Dort mussten die inneren Löcher noch vergrößert werden, damit die bereits bekannten Zusätze auch wieder hinein gefüllt werden können. Auf den nächsten Seiten seht ihr, wie es gemacht wurde:

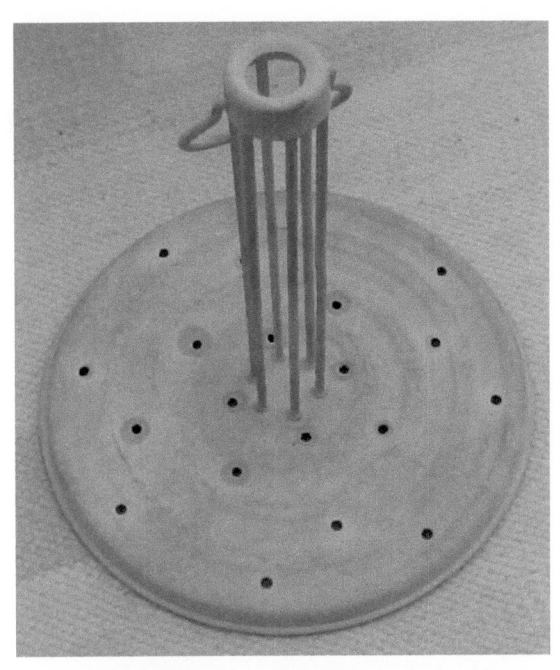
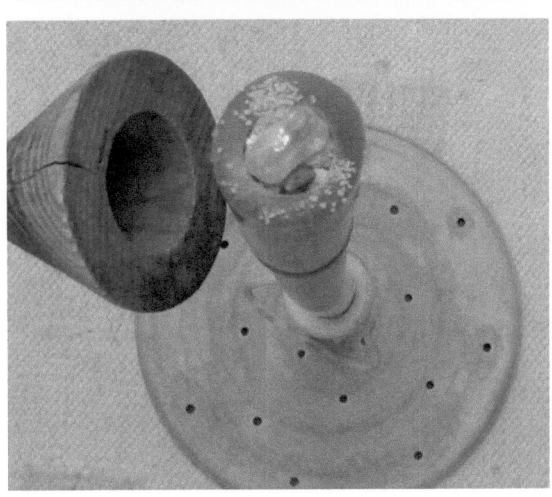

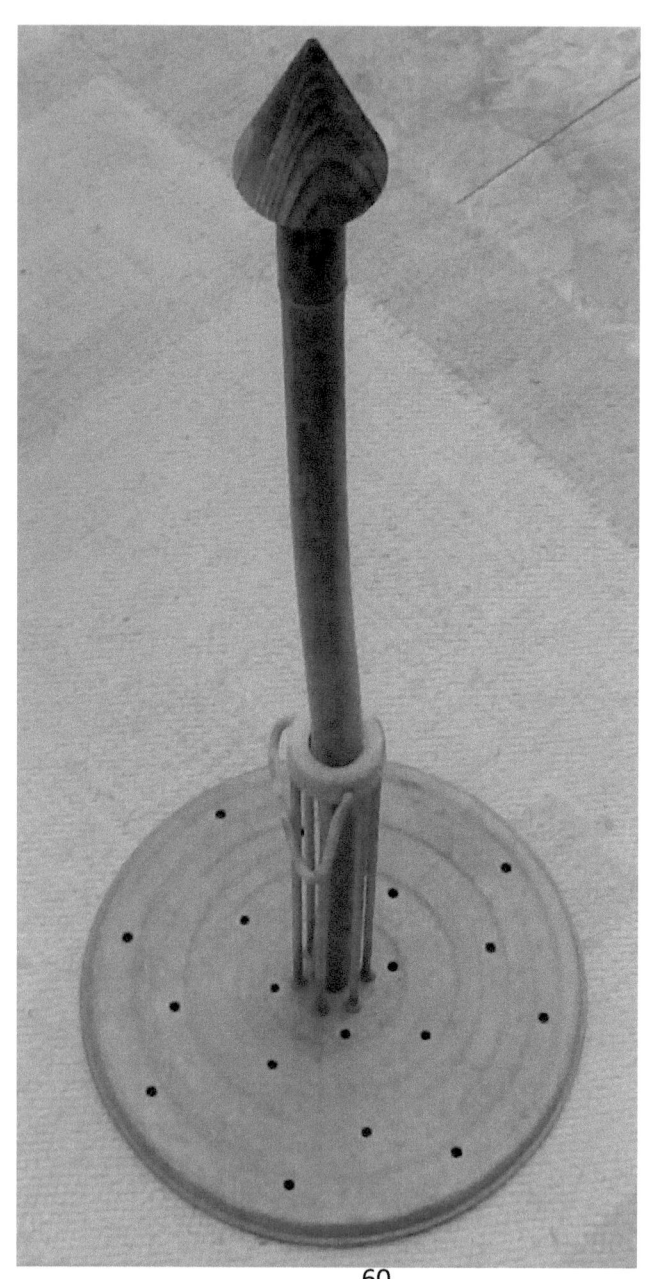

Also, ihr seht, man muss nur erfinderisch sein, GOTTVERTRAUEN haben und tüfteln. Die Pyramidenspitze aus Holz fand Maurice in seinem Hobbykeller beim Suchen. Er hat dort ein paar Bananenkartons, in dem alle möglichen Reste liegen, die er vielleicht noch braucht. Bingo! In diesem Fall war es absolut passend! Man kann ihn auch nach draußen stellen, aber bei Maurice wirkt er unter dem Terrassendach und strahlt nach außen.

Sie schrieben dann die Abkürzung „JCidS", „JESUS CHRISTUS IST DER SIEGER" oben und unten wieder auf den Strahler und unten drunter folgendes Gebet. „**Geliebter GOTTVATER, wir bitten Dich, dass dieser Orgonstrahler zum Heil und Segen für Mensch, Tier und Natur arbeitet und nur Gutes tun kann, was Du erlaubst, geliebter VATER! Dein Wille geschieht jetzt! Amen!"**
Schon war der große Orgonstrahler fertig!!!

Wenn ihr jetzt sagt: „Naja, das war jetzt Zufall, dass ihr dieses Teil gefunden habt... Nun, vielleicht, aber ihr solltet eure Augen schulen, um alles zu sehen, was ihr in eurem Umfeld findet.

Ein Schrottplatz oder der Wertstoffhof sind auch wunderbare Orte, um etwas zu finden, was man gebrauchen kann.

Schaut auf den nächsten großen Orgonstrahler.

Dass ist für euch auch möglich...

Großer Orgonstrahler aus einer Stehlampe bauen...

Ja, der nächste Orgonstrahler entstand so, weil Maurice sich geweigert hatte, eine kaputte Stehlampe gleich zu entsorgen...

Der Tüftler in ihm kam durch...

Hier seht ihr den Rest der Lampe – ohne die Leuchtkraft drum herum...

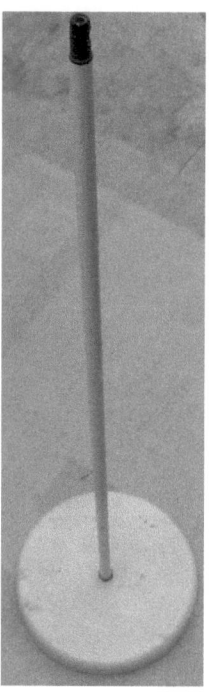

Bis hierher ist es ja noch ganz leicht. Einfach den oberen Teil abgeschraubt und alle Kabel durchtrennt und dann herausgezogen und im Wertstoffhof entsorgt. Nun folgt noch das Wichtigste: Das Loch oben ist groß genug, um dort Quarzsand mit einem Trichter einzufüllen. Kleine Bergkristalle passten auch hinein. Jetzt kommt eine zweite Spitze aus der „Kruschtelkiste" von Maurice zum Einsatz:

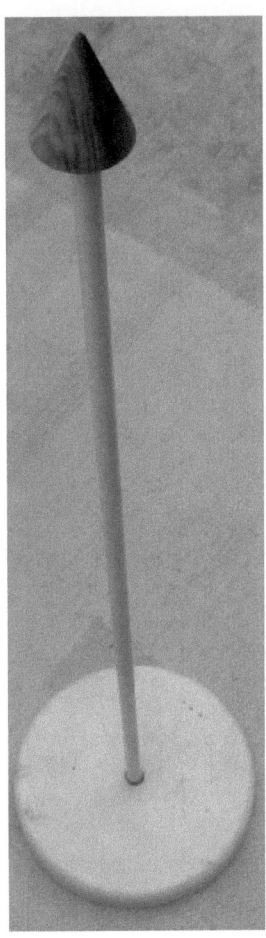

Auch diese Spitze wird energetisch gereinigt und benutzt. Hier wurde wieder folgendes Gebet verwendet:

**„Geliebter GOTTVATER, wir bitten Dich, dass dieser Orgonstrahler zum Heil und Segen für Mensch, Tier und Natur arbeitet und nur Gutes tun kann, was Du erlaubst, geliebter VATER! Dein Wille geschieht jetzt! Amen!"**

Zusätzlich wird wieder überall „JCidS" (JESUS CHRISTUS IST DER SIEGER) hingeschrieben, also oben und unten und auch seitlich).

Maurice und Amadé denken, so etwas ist für euch möglich, im einfachen Nachbau.

Ob man ihn auch draußen aufstellen kann, haben die beiden noch nicht ausprobiert. Dadurch, dass der Fuß aus massivem Metall ist, hat er auch eine gewisse Stabilität und fällt nicht gleich bei einem Windzug um. Man kann ihn draußen ja auch anbinden, wenn man es möchte.

Da sind eurer Fantasie keine Grenzen gesetzt...

## Mehrfach Orgongenerator in Groß

Dieses gute Stück bekamen sie bei einer Haushaltsauflösung geschenkt. Maurice und Amadé wussten sogleich, wozu sie dieses schöne Teil aus Holz gebrauchen konnten...

Es wurde energetisch gereinigt, aufgeladen über das innige Gebet und dann auch mit „JCidS" bestückt.

Jetzt holten sie alle möglichen, schon fertigen Orgonstrahler, die sie schon angefertigt hatten, um diese sechsfach Halterung zu testen.

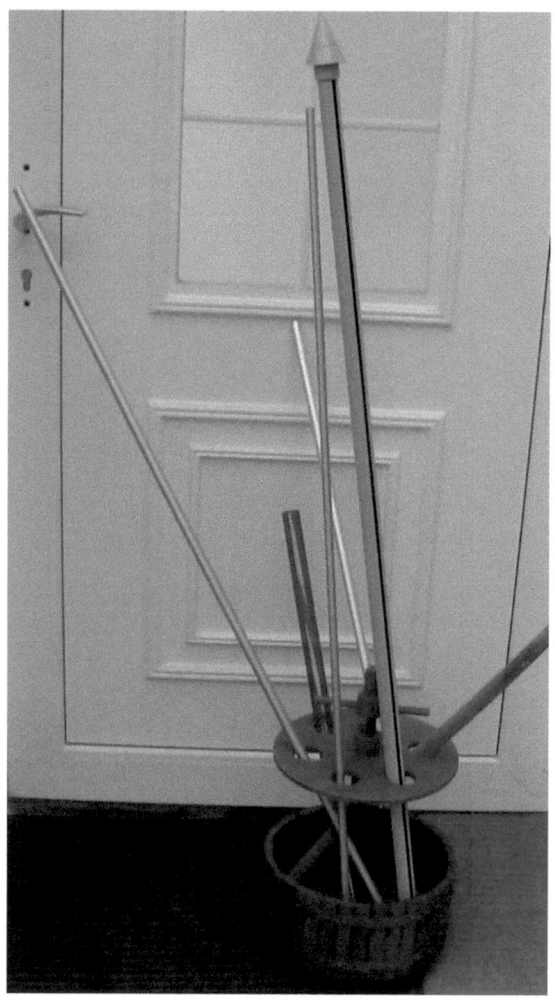

So kann man in alle Richtungen Orgonenergie versenden...

Der Sohn von Maurice meinte nur: „Wie cool ist das denn?"

Maurice musste grinsen. Ja, ja, die Jugendsprache... und trotzdem cool aus Sicht der Jugend.

Was passierte danach?

Nun, die Vögel der Umgebung zwitschern mehr, die Luft ist anders und man baut automatisch auch einen Kraftort im Umkreis von einigen Metern um diesen 6fach-Strahler auf...

Ein spiritueller Freund von Maurice und Amadé war unvorbereitet zu Besuch gekommen, als der 6Fach-Strahler gerade fertig war.

Er spürte diese Energie, konnte sie aber nicht einordnen.

„Habt ihr hier mehrere Orgonstrahler auf den Eingangsbereich gerichtet?" fragte er.

Maurice lächelte und sagte: „Indirekt ja, schau mal," und dann zeigte er ihm den 6fach-Strahler und der Kumpel war fasziniert und meinte, ob er auch einen gebaut bekommen könnte. Maurice meinte dann, sobald er wieder so eine Halterung bekommt, baut er ihm auch einen.

Beim nächsten Orgonstrahler geht es wieder um das Umdenken, wenn man „Kinderspielzeug" sieht...

Orgonstrahler aus der 10 Cent Restekiste:

Ja, lieber Leser, so ist es...

Maurice und Amadé können keine „Wühlkiste" mit Resten stehen sehen, ohne dort zu „kruschteln", also herumzuwühlen, wie man im Dialekt sagt. Und was fand der neugierige Maurice, nachdem seine Frau schon genervt wiedergehen wollte?

Dieses gute Stück hier:

Es kostete 10 Cent und war aus stabilem Kunststoff. Der Griff ist übrigens rot. Es funktionierte normalerweise mit Batterien, aber es war irgendwie defekt. Maurice kaufte es für die 10 Cent und freute sich riesig! Zusammen mit Amadé wurde der gleiche Prozess absolviert, wie ihr es ja schon kennt.

Gefüllt mit den bekannten Zutaten sieht es so aus:

Danach kam noch der Deckel oben drauf, der sehr fest sitzt, aber auch noch mit Kleber von innen fixiert werden könnte.

Das gute Stück ist 60 cm lang und funktioniert einwandfrei!

Dreifach Orgonstrahler recht leicht gebaut:

Für dieses gute Stück hatte Maurice ein richtiges Näschen. Gekostet hat es 3 Euro und gab es in einem günstigen Laden.

3 Glasfläschchen in einem Holzgestell.

Es wurde alles wieder, wie gehabt, gereinigt und mit dem Schriftzug „JCidS" auf der Unterseite bestückt. Jetzt kauften sie drei Aluminiumstangen im Baumarkt. Sie mussten aber dünn genug sein, um durch die Flaschenhälse zu passen. Auch diese wurden wieder mit den bekannten Materialien bestückt und dann in die Gläschen gesteckt. Da sie sehr knapp passen, fallen sie auch nicht um.

Das bekannte Gebet ist dann wieder dafür verantwortlich, dass dieser große, etwa 1 Meter lange Orgonstrahler im Dreierpack, so arbeitet, wie er es tun darf.

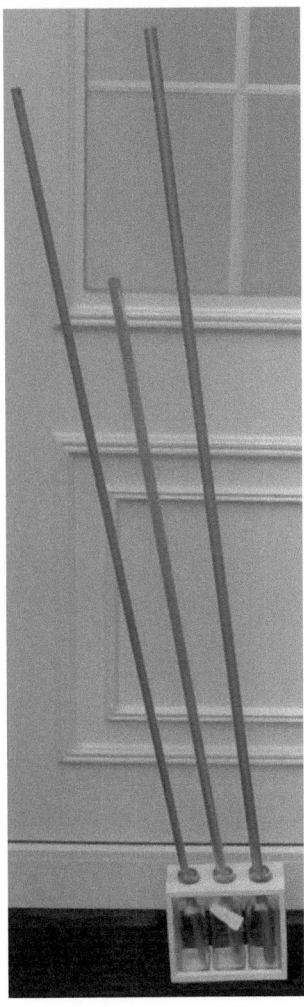

Einen haben sie noch...

ERDHEILUNG DER BESONDEREN ART...

Wie immer kam „Bruder Zufall" zu Hilfe, als Maurice mal wieder seinen Lieblings „Kruschtelladen" durchsuchte, um etwas zum Basteln zu finden.

Er ging die Reihen durch und plötzlich blieb er stehen...

Aha, eine interessante, stabile Rolle...

Mit was gefüllt?

Ok, eine Karte von Europa...

Eine innere Stimme sagte ihm, es zu kaufen...

Nur 1,50 Euro... Also kein Thema...

Zuhause kam dann die Eingebung!

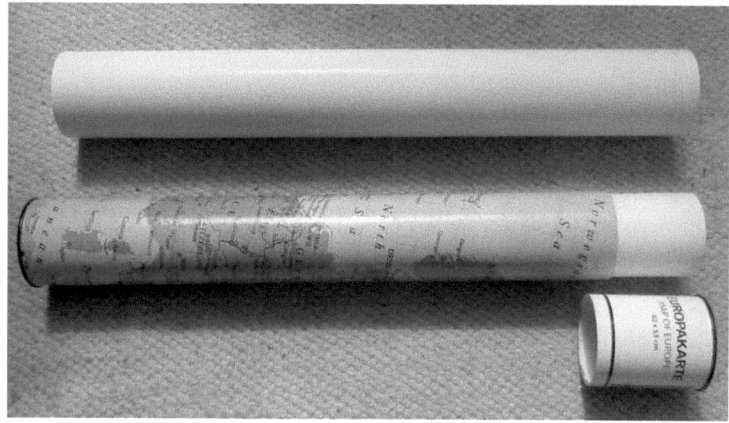

Er packte alles aus und das sah dann so aus...

„Füll alles, wie du es schon bei den anderen Orgonstrahlern gemacht hattest," sagte ihm die innere Stimme.

Sie bereiteten alles vor: Die mittlerweile bekannten Materialien wurden auch in diese Rolle (aber natürlich ohne das Europa-Poster) eingefüllt.

Sie fotografierten dann das Europa-Poster ab:

Was sollten sie denn damit machen?

Die Idee dazu hatte Amadé´ parat:

„Was hältst du von Stecknadeln?" fragte er Maurice.

Dann erklärte er, wie er es meinte. Die Nadeln als eine Art Akupunkturnadeln dort zu stecken, wo Hilfe benötigt wird und als Verstärkung wird die Orgonenergie in der Röhre genommen... (So sieht die gefüllte Rolle aus...)

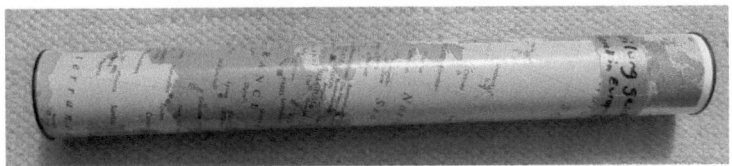

So sieht es jetzt verschlossen, zugeklebt und mit dem Segen von GOTTVATER - über das innige Gebet erlangt, – aus.

Jetzt kann man natürlich noch ins Eingemachte gehen:

Sie haben jetzt bewusst nicht gezeigt, wie ihr die Nadeln in das Poster stecken solltet, da das jeder selber setzen sollte.

Sinnvoll ist aber, die ganze Seite der Atlantikküste hoch und runter und alle Großstädte zu bestücken.

Wie ihr diese Stecknadeln energetisieren und aufladen könnt, verraten wir euch jetzt:

Ihr legt die Schachtel mit den Stecknadeln z.B. in ein Gefäß, welches energetisch aufgeladen ist, (z.B. durch einen Orgonstrahler, denn ihr mit hineinlegt).

Dann erfolgt folgendes Gebet, dass die beiden dafür benutzen:

„Geliebter GOTTVATER, wir bitten Dich darum, dass diese Stecknadeln in dieser Schachtel jetzt mit Deiner Schutz-, Heil-, und Segensenergie aufgeladen wird, um sie zu benutzen, um Gutes zu tun für Europa, wo es erlaubt ist. Dein Wille geschieht dabei! Danke, danke, danke, geliebter GOTTVATER! JESUS CHRISTUS IST SIEGER! JESUS CHRISTUS IST SIEGER! JESUS CHRISTUS IST DER SIEGER! Amen!"

(Ihr könnt auch andere Karten nehmen, z.B. eine Weltkarte)

# TEIL 2 DES BUCHES

## Wie arbeite ich mit einem großen Orgonstrahler?

### Kapitel 1: Wie schütze ich meinen Garten oder Mein Haus / meine Wohnung?

Ab hier ist Maurice der Erzähler in der Ich-Form:

Wir werden in diesem Buch fast keine Dinge wiederholen, die wir im ersten Buch schon geschrieben haben, deshalb ist es absolut sinnvoll, sich beide Bücher zu holen, um effektiv einerseits sich einen kleinen Orgonstrahler zu bauen (siehe unser erstes Buch, genaueres dazu am Ende dieses Buches) oder sich einen großen Orgonstrahler zu bauen, wie wir es in diesem Buch detailliert vorgestellt haben, oder andererseits die vielen Möglichkeiten, die wir euch in beiden Büchern aufzeigen, um mit den Orgonstrahlern Gutes zu tun für Mensch, Tier und Natur auf dieser Erde.

Aber vorab möchten wir noch etwas Wichtiges erklären: Wer bei YouTube so die einschlägigen Themen durchschaut, wird kaum herum kommen um ein brisantes Thema:

Ist die Erde rund und dreht sich, ist sie rund und dreht sich nicht, ist sie eine flache Scheibe oder leben die Menschen auf der Innenseite einer Kugelerde???

Wer jetzt noch nie davon gehört hat, wird jetzt vielleicht sagen: „Wie? Wat? Wat soll dat denn? Sind die jetzt total bekloppt?"...

Das nur einige Antworten, die wir bei unseren Diskussionen hörten, wenn wir Menschen fragten, die sich mit Orgonenergien oder auch mit spirituellen Themen beschäftigten.

Vorab: Wir wissen es nicht, wie die Erde aussieht...

Das Gute ist, dass Erdheilungen immer funktionieren, egal ob die Erde rund ist, egal ob sie sich jetzt dreht oder nicht, oder ob sie eine Scheibe ist oder auch, wenn wir in der Innenwelt leben sollten...

Wir gehen jetzt nicht auf die einzelnen Dinge ein. Wer daran Interesse hat, braucht nur die bestimmten Suchbegriffe bei YouTube eingeben und ihr könnt stundenlang zu jedem Thema Videos schauen, die alle auf ihre Art und Weise recht schlüssig sind...

Was uns seit Kindheit aufgefallen ist, dass wir beide zum Beispiel, die wir sehr feinfühlig sind, keine Bewegung der Erde spüren und in der Bibel steht, dass die Erde eine Erdscheibe ist... Nun, es kann sein, dass es daran liegt, dass die Kugeltheorie damals, als die Bibel geschrieben wurde, nicht bekannt war...

Gut, lassen wir das Thema sein! Wir wollten euch nur zu verstehen geben, dass es immer mit der Erdheilung geht und logischerweise auch alles das, was wir mit dem Orgonstrahler an positiven Dingen tun – egal ob die Erde rund, eine Scheibe oder eine Innenwelt ist, funktioniert.

So, kommen wir zum Schutz des Dorfes/ Straße / Stadtteil:

Was ihr zuerst braucht, sind Bergkristalle oder Amethystkristalle, die eine oder zwei Spitzen haben.

Wir haben folgende Amethystspitzen recht günstig erwerben können und benutzen solche:

Ihr seht, dass es Doppelender sind, also mit zwei Spitzen bestückt.

Ich erkläre es zuerst einmal mit einem kleinen Dorf, damit ihr merkt, wie es geht:

Ihr braucht jetzt eine Karte oder Luftaufnahme von eurem Dorf. Das könnt ihr mit Google machen.

Da wir von einem lieben Freund gebeten wurden, ihm zu helfen, bei der Entstörung und Energetisierung des Gartens, zeigen wir hier, wie es geht, nennen aber den Namen des Dorfes nicht.

Hier seht ihr eine Luftaufnahme des Gartens. An den vier Ecken haben wir jeweils einen Doppelender in die Erde gesteckt. Die Doppelender wurden vorher mit dem Orgonstahler wie folgt aufgeladen:

„Geliebter GOTTVATER, wir bitten Dich jetzt darum, dass diese Doppelender gereinigt, entstört, energetisch aufgeladen und mit andauernder Liebe aufgeladen werden. Danke, danke, danke, geliebter GOTTVATER! JESUS CHRISTUS IST SIEGER! JESUS CHRISTUS IST SIEGER! JESUS CHRISTUS IST DER SIEGER! Amen!"

Während des Gebetes wurden die vier Amethystsspitzen mit dem Orgonstrahler bestrahlt. Dann kamen sie in die Ecken des Gartens, (das haben wir mit einem weißen Farbkleks gekennzeichnet). Zusätzlich haben wir noch „JCidS" auf das Luftbild gemalt, als Verstärkung. Jetzt wächst in diesem Garten alles besser und so gut, wie es möglich ist.

Interessant wäre es, wie weit man Tiere davon abhalten kann, im Garten Unfrieden zu stiften und Chaos zu verbreiten...

Welche Tiere wir meinen?

Nacktschnecken oder auch Maulwürfe...

Wir machen jetzt etwas Neues: Wir versuchen es!

Wir versuchen einmal, dass unser Wunsch inklusive freiem Willen höherwertig schwingt, als der Überlebens—und Zerstörungstrieb der Nacktschnecken und Maulwürfe, Wühlmäuse oder was auch immer für Tiere versuchen, im Garten wie „Vandalen" zu hausen...

Los geht's:

„Geliebter GOTTVATER, wir bitten Dich inständig, dass Du jetzt unseren Garten beschützt vor Eindringlingen aller Art. Ob Mensch, Tier oder Natur. Wir bitten darum, dass eine Art faradayscher Käfig geistig um unseren Garten herum errichtet wird, der alle Angriffe abhält und abwehrt, so dass alles im Garten wachsen, blühen und gedeihen kann, im Rahmen dessen, was innerhalb unserer Lebenspläne möglich ist. Danke, danke, danke, geliebter GOTTVATER! Du entscheidest, wie weit es möglich ist! JESUS CHRISTUS IST SIEGER! JESUS CHRISTUS IST SIEGER! JESUS CHRISTUS IST DER SIEGER! Amen!"

Das ist jetzt spontan von uns gerade kreiert worden und so wie wir unseren geliebten SCHÖPFER, GOTTVATER kennen, hilft Er uns, im Rahmen unseres Lebensplanes.

Wenn ihr jetzt sagt: „Na, toll, da erklären die beiden jetzt, wie man seinen Garten schützen kann, aber ich habe doch gar keinen Garten, sondern nur eine kleine 2 Zimmer Wohnung in einem Mehrfamilienhaus... Was jetzt?"

Dazu kommen wir nun:

Schutz, Reinigung und Energetisierung von Wohnungen in Mehrfamilienhäusern

Ja, liebe Leser, die meisten von euch werden wahrscheinlich in solch einer Situation sein oder zumindest in eurem Freundes- und Bekanntenkreis Leute haben, denen es so geht.

Da Amadé sich auch in dieser Situation befand, kann er allerbestes aus dem Nähkästchen plaudern.

Man muss dazu sagen, dass er und seine Frau eine 3 Zimmer Wohnung hatten, da der Sohn ein Kinderzimmer brauchte, aber mittlerweile ausgezogen war. Zusätzlich hatten sie einen Balkon, den sie wie einen kleinen Garten nutzten und alles Mögliche angebaut haben in Töpfen.

Den großen Orgonstrahler kann man wunderbar so auf dem Balkon platzieren, dass er in den Himmel hinausstrahlt. Wer keinen Balkon hat, kann ihn auch am Fenster platzieren und nach draußen strahlen lassen...

Doch wie entstören wir jetzt eine Wohnung in einem großen Mietshaus, ohne Einfluss auf die anderen Mieter zu nehmen, denn in deren freien Willen dürfen wir nicht eingreifen.

Ideal wäre es, wenn ihr einen Grundriss oder Lageplan der Wohnung habt oder euch besorgt. Normalerweise kann man so etwas bekommen.

Solltet ihr partout aber so etwas nicht bekommen, könnt ihr jedes Zimmer fotografieren und dann mit dem Orgonstrahler entstören, bzw. energetisch aufladen.

Wie das genau geht, erklären wir euch gleich:

Zuerst solltet ihr überlegen, was ihr alles im Haus benutzt. Ja, genau, das solltet ihr wissen, denn viele Menschen dürfen den Dachboden mitbenutzen, um z.b. dort ihre Wäsche aufzuhängen zum Trocknen. Die meisten haben einen Kellerraum und in vielen größeren Häusern gibt es auch Aufzüge, die man mitbenutzen kann.

Die Frage, ob der Dachboden oder der Fahrstuhl auch energetisiert werden darf, ist klar mit JA zu beantworten. Allerdings anders als eure Wohnung, euer Balkon oder euer Kellerraum.

Jetzt möchtet ihr bestimmt wissen, warum es da verschiedene Energetisierungen gibt.

Nun, in der Wohnung wohnt ihr alleine oder mit eurem Partner und eventuell noch mit Kindern. Den Fahrstuhl benutzen ganz viele Leute, aber:

Euer freier Wille, dass es euch gut geht (auch im Fahrstuhl) steht höher in der Wertigkeit, als eventuelle negative Energien, die im Fahrstuhl hinterlassen / installiert sind. Ob bewusst oder unbewusst, ist dabei völlig egal.

Gut, fangen wir einmal mit dem Fahrstuhl und auch mit dem Treppenhaus an. Ihr müsst es benutzen, um das Haus zu verlassen, also dürft ihr es soweit reinigen und energetisieren, damit es euch gut geht.

Wie das genau geht, sagen wir euch jetzt:

Ihr sprecht folgenden Satz und haltet dabei euren Orgonstrahler dorthin, was ihr reinigen möchtet (z.B. das Treppenhaus, den Fahrstuhl, die Räume im Keller oder auch den Garten hinter dem Haus, welche ihr mitbenutzen dürft.

Ok: Sprecht folgendes:

„**Kraft meines Rechtes als freier Mensch sende ich jetzt aus meinem Orgonstrahler positive Energien in dieses (Treppenhaus / Fahrstuhl / Gemeinschaftsgarten / Dachboden, Fahrradkeller etc.), damit es mir gut geht. Ich habe jederzeit das Recht, es zu reinigen, wenn ich das Gefühl habe, dass es mir nicht gut tut. Ich bitte jetzt, dass meine Schutzengel mich unterstützen. So ist es und so sei es!**"

Habt ihr es nur gelesen oder gleich mitgesprochen?

Fühlt sich kräftig an, gell?

Das ist euer gutes Recht! Ihr greift deswegen nicht in den freien Willen der anderen Menschen ein, die auch dieses mitbenutzen.

Wir machen das auch im Supermarkt, Discounter, Gebäude, in die wir müssen etc. Darüber gibt es gleich noch etwas Genaueres dazu.

Kommen wir jetzt zu eurer eigenen Wohnung:

Ihr wohnt jetzt beispielsweise im 4. Stock eines 7 Etagen Hauses, sozusagen mittendrin.

Ihr habt Nachbarn unter euch und Nachbarn über euch, vielleicht auch noch links und rechts von euch. Was ihr jetzt macht, gilt aber nur für eure Wohnung und endet an den Grenzen eurer Wohnung.

So, nehmen wir die Variante zuerst, wo ihr keinen Plan oder Grundriss von der Wohnung habt.

Ihr fotografiert jetzt jeden Raum einmal ab (auch den Kellerraum, der euch gehört, den ihr mit gemietet habt, aber auch den Abstellraum und den Balkon).

Es muss jetzt kein schönes Foto sein, denn ihr braucht einmal nur die Energie dieses Zimmers. Es ist egal, ob es aufgeräumt ist oder nicht.

Da ihr wahrscheinlich eine Digitalkamera oder ein Handy mit Kamera habt, könnt ihr diese Bilder auch ausdrucken.

Wir zeigen euch jetzt anhand einer Zeichnung, wie ihr fortfahren solltet:

Ich habe es frei Hand am PC gemalt, es soll ja nur zeigen, wie es geht.

Ihr malt in etwa auf, wie eure Wohnung geschnitten ist. Und das bitte auf einem großen Blatt Papier. Dann klebt ihr in jedes der Zimmer das ausgedruckte Foto hinein, welches ihr von dem Zimmer fotografiert habt. Notfalls das Foto verkleinert ausdrucken, damit es hineinpasst.

Besorgt euch einen Kompass und schreibt dann noch dran, wo Norden ist.

Das gemalte Bild soll euch nur einen Anhaltspunkt geben.

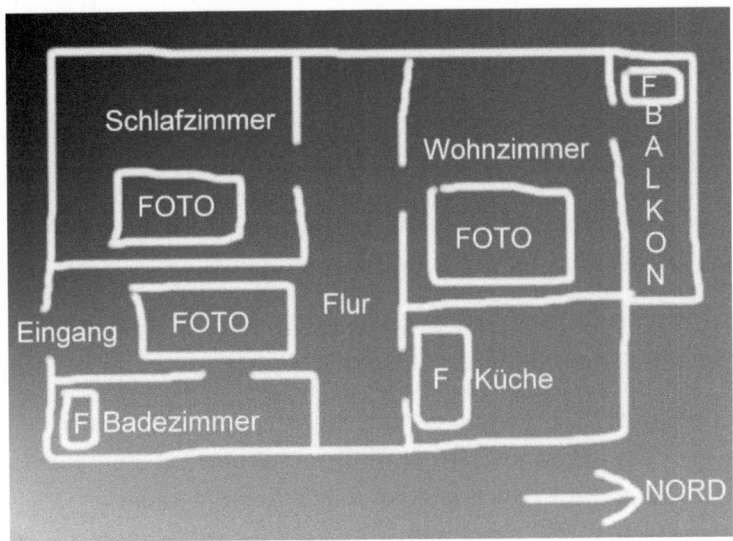

Gut: Ihr habt jetzt jedes Zimmer mit einem Foto bestückt.

Beim Keller macht ihr es z.B. so:

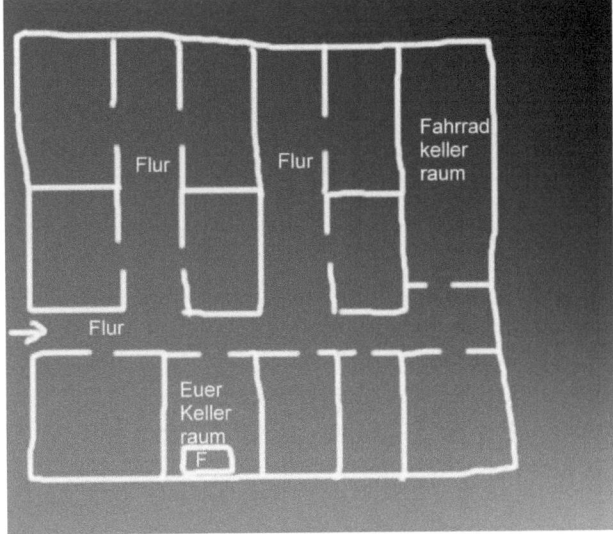

Wir haben euch einen fiktiven Keller gemalt. Euer Kellerraum wird auch wieder mit einem Foto bestückt.

Habt ihr beispielsweise im Fahrradkeller auch euer Fahrrad stehen, gilt das Gleiche wie im Treppenhaus, Aufzug etc.

Euer Kellerraum wird genauso gereinigt, entstört, energetisch aufgeladen und geschützt, wie eure Wohnung.

Ihr stellt eure Zettel mit den aufgeklebten Fotos vor den Orgonstrahler und sprecht folgendes Gebet:

„**Geliebter GOTTVATER, wir bitten Dich jetzt darum, dass dieser Orgonstrahler hilft, dass unsere Wohnung hier, die wir fotografiert haben und auf dem Zettel die Bilder aufgeklebt haben, gereinigt, entstört, geschützt, energetisch aufgeladen und mit andauernder Liebe aufgeladen wird, im Rahmen dessen, was innerhalb unseres Lebensplanes erlaubt ist. Danke, danke, danke, geliebter GOTTVATER! JESUS CHRISTUS IST SIEGER! JESUS CHRISTUS IST SIEGER! JESUS CHRISTUS IST DER SIEGER! Amen!**"

So habt ihr eure Wohnung bzw. euren Kellerraum separat aufgeladen und geschützt, ohne in die anderen Wohnungen einzugreifen.

Kommen wir jetzt zum Schutz von euch, wenn ihr einen Discounter, Supermarkt, öffentliches Gebäude etc. betretet.

Ich bin extrem elektrosensitiv und kann kaum noch in solche Gebäude gehen, ohne mich vorher absolut zu schützen. Bei Amadé ist es nicht ganz so extrem...

So, ihr erinnert euch, dass euer Schutz höher bewertet ist, als das, was in der Atmosphäre / Gebäude rumgeistert...

Sprecht es genauso aus, wie bei dem Fahrstuhl etc.

Es geht so:

**„Kraft meines Rechtes als freier Mensch sende ich jetzt aus meinem Orgonstrahler positive Energien in dieses ...(Discounter / Supermarkt / Bürogebäude etc.), damit es mir/uns gut geht. Ich habe jederzeit das Recht, es zu reinigen, wenn ich das Gefühl habe, dass es mir/uns nicht gut tut. Ich bitte jetzt, dass meine Schutzengel mich unterstützen. So ist es und so sei es!"**

Mit dem Schutz ist auch der Schutz vor Strahlungen jeder Art gemeint.

Ihr solltet dann den kleinen Orgonstrahler immer dabei haben und ihn z.B. so in euer Hemd-/Westentasche tragen, dass er oben die Energie herausstrahlen kann. Es geht auch mit anderen Taschen.

Ich habe es mal mit Meiner Baseballcap probiert. Ich habe den kleinsten Orgonstrahler dort platziert. Es ging auch...

Tragt möglichst immer, wenn draußen der Himmel zugemüllt ist, lieber Mützen oder Caps zum Schutz für eure Haare / Kopfhaut.

Wo kann man den Orgonstrahler noch hinstecken?

In die Hosentasche, in die Jackentasche, auch in den oberen Teil eines Socken gesteckt, funktioniert es...

Das war es dazu, jetzt kommt etwas anderes...

## Teil 2: Wie kann ich damit Erdheilung (oder Dorf / Stadt / Landheilung) betreiben?

Ja, liebe Tüftler, wir denken, dass ihr nicht nur Orgonstrahler bauen, sondern sie auch entsprechend einsetzen möchtet.

Fangen wir einmal mit der Natur an, also der Landheilung: Viele von euch werden bestimmt regelmäßig aufs Land gehen, um sich zu erholen, im Wald seine Seele baumeln zu lassen oder auch dort sogar wohnen – optimaler Weise. Wir wohnen auch ländlich, Amadé in der Stadt. Trotzdem kann Amadé auf seinem großen Balkon sehr viel tüfteln, testen und vor allem beobachten wir immer zuerst, wie Pflanzen, Bäume und Tiere reagieren:

Gut: Die erste Landheilung wurde an einem flott fließenden Bach betrieben. Warum das so betont ist, liegt daran, dass manche Bäche nur ganz leicht plätschern. Ok, kommen wir zum Experiment:

Trotz leichtem Regen ging ich zu besagtem Bach und hatte Glück! In der Nähe waren Ziegen eingepfercht, die ganz aufgeregt waren, als ich kam und von den Orgonenergien waren sie dann ganz angetan...

Ich hielt beides im Foto fest.

Hier das Gebet, dass ich in den Bach sendete:

**„Ich sende jetzt die Heilenergie meines Orgonstrahlers in dieses fließende Wasser und bitte darum, dass das Wasser gereinigt, entstört und energetisiert wird und dadurch auch**

dieses Wasser sich mit den neuen Energien mit anderen Wässern verbindet und so diese Energie in die Weltmeere gelangen zur Reinigung, Entgiftung und Energetisierung. Ich danke Dir, geliebter GOTTVATER, dass ich jetzt dieses machen durfte mit Deiner Unterstützung. Amen. JESUS CHRISTUS IST SIEGER! JESUS CHRISTUS IST SIEGER! JESUS CHRISTUS IST DER SIEGER! Amen."

Die Ziegen sind ganz happy!

Ich sagte beim Senden an die Ziegen: „JESUS CHRISTUS IST SIEGER!"

Danach ging es mit der Natur/Landheilung weiter. Ihr müsst wissen, dass diese Heilungen auch ins sogenannte morphogenetische Feld einfließen und so im gesamten Bereich Hilfe kommt. Deshalb ist es so wichtig, dass ihr euch auch einen großen Orgonstrahler baut und auch mithelft, Erdheilung zu betreiben und Gutes zu tun.

Na, erkennt ihr es? Brennnesseln, welche wild und frei wachsen, bekommen hier ganz starke Heilenergie.

Brennnesseln haben ganz viel positive Schwingungen und das „Stechen" ist ein Schutzfaktor der Brennnesseln, gegen Feinde, die ihnen übles wollen. Ich kann sie so anfassen, ohne dass es brennt, da ich vorher mit ihnen spreche und so in Ruhe gelassen werde...

Diese Heilung , die ihr hier seht, geht ins morphogenetische Feld, dem Gedächtnis der Erde, ein und hilft damit allen Brennnesseln weltweit.

Als nächstes haben wir uns an Obstbäume heran gemacht. In unserem Garten wächst auch ein Birnbaum und dieser war ganz besonders erpicht, als er Heilenergie bekam.

Der Birnbaum erfreute sich und hat jetzt auch eine Möglichkeit, eine Abwehrkraft gegen Schädlinge zu entwickeln...

Blumen sind nicht nur schön anzuschauen, sie haben auch oftmals besondere Aufgaben.

Ich mag gerne leuchtende Farben bei Blumen und diese Blume faszinierte mich und ich schickte ihr spontan Heilenergien über den großen Orgonstrahler.

Sie bedankte sich über einen Impuls, den ich dann bekam. Mir wurde warm ums Herz dabei.

Schaut euch einmal diese schöne Blume an. In Farbe ist sie in leuchtendem Orange.

Ich habe schon seit meiner Kindheit eine besondere Affinität zu Nadelbäumen, besonders zu Tannen. Da lag es natürlich nahe, eine wunderbare, veredelte Tanne stellvertretend für alle Nadelbäume jetzt mit dieser Orgonenergie zu fluten. Ein dickes Dankeschön spürte ich auch hier wieder am ganzen Körper durch ein warmes, wohliges Gefühl!

Was ihr hier seht, ist die Orgonbestrahlung eines blühenden Holunderbaumes. Holunder, bei uns Holler genannt, ist ein überaus mystischer und schutzbringender Baum und die Legende sagt, Holler am Haus wachsen zu lassen, bietet Schutz und Segen...

Ich sagte meiner Frau, sie solle den Holler immer gut pflegen und mittlerweile haben wir sechs Bäume in unserem Garten. Das Märchen von Frau Holle hat übrigens auch damit zu tun.

Weltweit hat der Holler eine größere Verbreitung, aber im deutschsprachigen Raum ist er besonders beliebt und viele Menschen wissen auch noch von der Heilkraft und dem Schutz.

Ich habe einen Orgonstab aus einem Hollerstück geschnitzt und der hab Power ohne Ende. Natürlich auf seine eigene spezielle Weise.

Jetzt kommt aber der Knüller:

Ich habe während des Schnitzens daran gedacht, was ich alles an guten Dingen damit machen könnte und plötzlich spürte ich eine innige Verbindung mit diesem Holler-Energie-Stab. Wie gesagt, er hatte andere Energien als der Orgonstrahler, aber er schützt die Person, die ihn geschnitzt hat und auch das Wohnhaus...

Also, setzt euch doch mal hin und versucht auch euer Glück. Sprecht aber von Anfang an mit dem Hollerstab und ihr werdet feststellen, dass der Stab euch hilft. Er ist nur für euch! Jeder sollte seinen Stab allein schnitzen...

Kommen wir jetzt zum stehenden Wasser:

Hier seht ihr, wie wir Regenwasser in einer Wassertonne energetisierten.

Wir sprachen folgendes Gebet dazu:

„**Geliebter VATER, wir danken Dir, dass jetzt Deine Heilkraft, Energetisierung, Reinigung und alles Positive in diesem Wasser und dieser Regentonne verankert werden und alles Wasser, was jetzt hier hineinkommt, wird genauso energetisiert und hilft Mensch, Tier und Natur! Danke, danke, danke, geliebter VATER! JESUS CHRISTUS IST SIEGER! JESUS CHRISTUS IST SIEGER! JESUS CHRISTUS IST DER SIEGER! Amen."**

Auch eine zweite Regentonne wurde so bestückt und dann geschah etwas, was uns sehr überraschte:

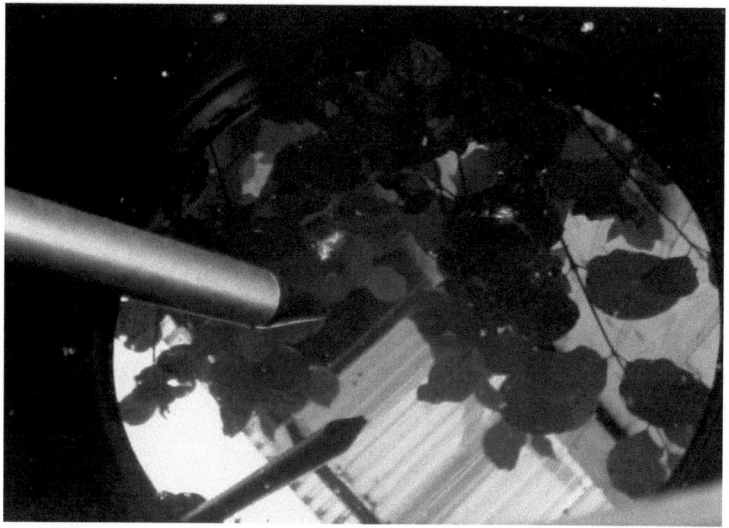

Wir spürten die Anwesenheit der VATERENERGIE beim energetisieren.

Uns beiden viel folgendes Zitat von Jesus ein: „Wenn zwei oder mehr in Meinem Namen zusammen kommen, bin Ich mitten unter ihnen."

Wir waren zu zweit und es waren zwei Regentonnen...

Wow! Was ging denn da feinstofflich ab?

Wir nahmen uns vor, jetzt überall, wo es möglich war, Wasser zu energetisieren...

Es geht auch, den Regen, der herniederfällt, zu energetisieren.

Lasst es uns tun!

Kommen wir jetzt zu festen Gartenhäusern, Wohnwagen etc.

Ja, wir haben dann natürlich weitergemacht.
Was sollte zuerst energetisiert werden?.
Nun, die „Finnhütte" im Garten, war der erste wunderbare Ort dazu.

Sie war damals aus Holzresten und übrigen Dachpfannen in zwei Tagen gebaut worden. Ja, das Holz war teilweise uralt, nur das Nut und Feder Holz war jüngeren Datums.

Es machte Spaß, dass während der Minuten, indem wir immer wieder im Geiste „JESUS CHRISTUS IST SIEGER!" sagten, das Holz anfing zu leben! Das Häuschen begann aufzublühen!

Das motivierte mich, mit einem Gewächshaus, als nächstes Experiment, weiter zu machen.

Gurken und Tomaten waren dort vertreten. Sie waren total happy, als ich sie bestückte.

Wer von euch feinfühlig ist, spürt dann bestimmt auch, wie die Pflanzen in der Natur (oder hier im Gewächshaus) mehr Energie bekommen und auch die Gurkenpflanzen weltweit diese Energie bekommen. Interessant wird es sein, wie gespritzte Pflanzen darauf reagieren. Diese hier waren total unbehandelt.

Nun ging es zu den Tomaten. Sie waren noch nicht reif und so konnte über das morphogenetische Feld, also das Gedächtnis der Erde, viel für die Tomaten hier im Gewächshaus und allgemein weltweit, getan werden.

Ich spürte, wie es im Gewächshaus wärmer wurde – aus energetischer Sicht – und wie ich plötzlich wahrnahm, dass ein Schutz gegen Nacktschnecken aufgebaut wurde. Mochten sie diese hohe Schwingung nicht? Interessant...

Hier seht ihr, wie die Tomaten die hohe Orgonenergie bekommen haben...

Dies war jetzt nur ein kleiner Ausschnitt dessen, was alles möglich ist mit dem Einsatz des Orgonstrahlers im Freien...

Wir haben auch Handymasten entstört, was sich so dann dargestellt hat, dass sie weiterhin optimal ihre Arbeit verrichten, aber die Anwohner nicht mehr so belastet werden, durch die Strahlung.

Wenn ihr euch mehrere große Orgonstrahler baut, dann richtet doch einen einmal in die Richtung des nächsten

Handymasten oder das nächste Windrad und testet einmal, was dann geschieht...

Wir freuen uns, wenn unsere Strahler nachgebaut werden und so auf diese einfache Weise, vielen Menschen helfen können, ihren geistigen Weg zu gehen und wenn sie sich angesprochen fühlen, auch Gutes zu tun auf Erden.

Bedenkt immer: Alles, was ihr an positiven Dingen tut, kommt auch immer zu euch zurück!
Das ist nun mal das Resonanzgesetz...

Wie versprochen, der Hinweis zu unserem ersten Buch:

## Amadé Maurice - Das Orgonstrahler-Buch

### Ein experimentelles Arbeitsbuch mit Bauanleitung eines Orgonstrahlers

Dies ist das erste Buch von Amadé Maurice. Es zeigt die Forschungsergebnisse langjähriger Tüfteleien und Erfolge mit Orgonenergie. Außerdem gibt es eine Bauanleitung für einen Orgonstrahler. Dieses Buch ist das Ergebnis langjähriger Tüfteleien und Erfahrungen daraus. Amadé Maurice stellen hier einen Orgonstrahler vor, der ohne viele Vorkenntnisse selber gebaut werden kann. Voraussetzung ist GOTTVERTRAUEN in unseren SCHÖPFER und etwas handwerkliches Geschick. Dazu gibt es im Arbeitsbuch viele Möglichkeiten, wie mit dem Orgonstrahler gearbeitet werden kann.
ISBN 978-3-8482-5324-1, Paperback, 92 Seiten, 9,90 Euro